中华人民共和国慈善法

注释本

法律出版社法规中心　编

法律出版社
LAW PRESS CHINA
·北　京·

图书在版编目（CIP）数据

中华人民共和国慈善法注释本 / 法律出版社法规中心编. -- 2 版. -- 北京 : 法律出版社, 2025. -- (法律单行本注释本系列). -- ISBN 978 - 7 - 5197 - 9662 - 4

Ⅰ. D922.182.35

中国国家版本馆 CIP 数据核字第 2024AA7553 号

中华人民共和国慈善法注释本
ZHONGHUA RENMIN GONGHEGUO CISHANFA ZHUSHIBEN

法律出版社法规中心 编

责任编辑 董 昱
装帧设计 李 瞻

出版发行 法律出版社
编辑统筹 法规出版分社
责任校对 张红蕊
责任印制 耿润瑜
经 销 新华书店

开本 850 毫米×1168 毫米 1/32
印张 7.75 **字数** 168 千
版本 2025 年 1 月第 2 版
印次 2025 年 1 月第 1 次印刷
印刷 涿州市星河印刷有限公司

地址:北京市丰台区莲花池西里 7 号(100073)
网址:www.lawpress.com.cn
投稿邮箱:info@lawpress.com.cn
举报盗版邮箱:jbwq@lawpress.com.cn
销售电话:010 - 83938349
客服电话:010 - 83938350
咨询电话:010 - 63939796

书号:ISBN 978 - 7 - 5197 - 9662 - 4 **定价**:25.00 元

凡购买本社图书,如有印装错误,我社负责退换。电话:010 - 83938349

编辑出版说明

现代社会是法治社会，社会发展离不开法治护航，百姓福祉少不了法律保障。遇到问题依法解决，已经成为人们处理矛盾、解决纠纷的不二之选。然而，面对纷繁复杂的法律问题，如何精准、高效地找到法律依据，如何完整、准确地理解和运用法律，日益成为人们“学法、用法”的关键所在。

为了帮助读者快速准确地掌握“学法、用法”的本领，我社开创性地推出了“法律单行本注释本系列”丛书，至今已十余年。本丛书历经多次修订完善，现已出版近百个品种，涵盖了社会生活的重要领域，已经成为广大读者学习法律、应用法律之必选图书。

本丛书具有以下特点：

1. 出版机构权威。成立于1954年的法律出版社，是全国首家法律专业出版机构，始终秉承“为人民传播法律”的宗旨，完整记录了中国法治建设发展的全过程，享有“社会科学类全国一级出版社”等荣誉称号，入选“全国百佳图书出版单位”。

2. 编写人员专业。本丛书皆由相关法律领域内的专业人士编写,确保图书内容始终紧跟法治进程,反映最新立法动态,体现条文本义内涵。

3. 法律文本标准。作为专业的法律出版机构,多年来,我社始终使用全国人民代表大会常务委员会公报刊登的法律文本,积淀了丰富的标准法律文本资源,并根据立法进度及时更新相关内容。

4. 条文注解精准。本丛书以立法机关的解读为蓝本,给每个条文提炼出条文主旨,并对重点条文进行注释,使读者能精准掌握立法意图,轻松理解条文内容。

5. 典型案例释疑。本书在相应条文下收录典型案例并提炼裁判理由,读者可扫描相应的“有章”二维码查看案例原文。

6. 配套附录实用。书末“附录”部分收录的均为重要的相关法律法规,使读者在使用中更为便捷,使全书更为实用。

需要说明的是,本丛书中“适用提要”“条文主旨”“条文注释”等内容皆是编者为方便读者阅读、理解而编写,不同于国家正式通过、颁布的法律文本,不具有法律效力。本丛书不足之处,恳请读者批评指正。

我们用心打磨本丛书,以期为法律相关专业的学生释法解疑,致力于为每个公民的合法权益撑起法律的保护伞。

法律出版社法规中心

2024 年 12 月

目　　录

附　　录

《中华人民共和国慈善法》适用提要[①]

《中华人民共和国慈善法》由十二届全国人大四次会议于2016年3月通过。《中华人民共和国慈善法》施行以来，在保护慈善参与者合法权益、规范慈善活动、促进慈善事业发展等方面发挥了重要作用。同时，慈善领域也出现了一些新情况新问题，需要总结实践经验，修改完善相关法律制度。2023年12月29日十四届全国人大常委会第七次会议通过《全国人民代表大会常务委员会关于修改〈中华人民共和国慈善法〉的决定》，对《中华人民共和国慈善法》进行了修正，修正后的《中华人民共和国慈善法》自2024年9月5日起施行。

2023年《中华人民共和国慈善法》主要修改内容如下：

一、规范慈善组织和慈善信托运行

一是，明确已经设立的非营利性组织，可以向办理其登

① 参见《全国人民代表大会宪法和法律委员会关于〈中华人民共和国慈善法（修订草案）〉修改情况的汇报》，载中国人大网2024年1月2日，http://www.npc.gov.cn/npc/c2/c30834/202401/t20240102_434028.html。

记的民政部门申请认定为慈善组织；二是，要求慈善组织年度工作报告和财务会计报告内容增加“与境外组织或者个人开展合作”情况；三是，规定慈善组织与不具有公开募捐资格的组织或者个人合作募捐的，应当对合作方进行评估；四是，明确慈善信托受益人的确定原则；五是，特殊情况下慈善组织年度支出难以符合规定的，应当报告并公开说明情况；六是，授权国务院有关部门制定慈善信托年度支出和管理费用标准。

二、完善公开募捐制度

一是，降低慈善组织申请公开募捐资格的年限要求；二是，规定国务院民政部门指定互联网公开募捐服务平台，为慈善组织通过互联网开展公开募捐提供服务；三是，要求募捐活动或者慈善项目结束后 3 个月内全面、详细公开募捐、项目实施和募得款物使用情况；四是，开展募捐活动有违法情形且情节严重的，吊销公开募捐资格证书或者登记证书，并处以罚款。

三、增设应急慈善相关制度

一是，要求履行统一领导职责或者组织处置突发事件的人民政府，依法建立协调机制，明确专门机构、人员，提供需求信息，及时有序引导开展募捐和救助活动；二是，鼓励慈善组织、慈善行业组织建立应急机制，鼓励慈善组织、志愿者等在政府协调引导下依法开展或者参与慈善活动；三是，要求及时分配或者使用募得款物，并按要求公开接收、分配、使用情况；四是，允许应急公开募捐方案在事后备案；五是，要求基层政府、基层组织为应急慈善款物分配送达等提供便利、帮助。

四、强化慈善促进措施

一是，将慈善事业纳入国民经济和社会发展规划；二是，增加慈善信托依法享受税收优惠的规定；三是，明确由国务院民政、财政、税务等有关部门制定税收优惠具体政策；四是，明确国家对参与重大突发事件应对、参与重大国家战略的慈善活动，实行特殊的优惠政策；五是，支持鼓励运用新技术开展慈善活动；六是，鼓励发展社区慈善事业；七是，建立健全慈善领域捐赠人、志愿者等信用记录和激励制度；八是，鼓励开展慈善国际交流。

五、加强领导和监督管理

一是，明确慈善工作坚持中国共产党的领导；二是，要求有关部门加强慈善活动监管；三是，明确接受境外慈善捐赠、与境外组织或者个人合作开展慈善活动应当依法履行程序；四是，对涉嫌违法的慈善组织、慈善信托受托人的有关人员进行责任约谈；五是，规定国务院民政部门建立健全统一的慈善信息平台，免费提供慈善信息发布服务；六是，建立慈善组织及其负责人、慈善信托受托人信用记录制度；七是，强化慈善组织、慈善信托受托人等慈善活动参与者的法律责任。

六、规范个人求助行为

明确个人因疾病或者其他原因导致家庭经济困难，向社会发布求助信息的，求助人和信息发布人应当对信息真实性负责，个人求助网络服务平台应当承担信息查验义务，具体管理办法由国务院民政部门会同有关部门另行制定。

中华人民共和国慈善法

（2016年3月16日第十二届全国人民代表大会第四次会议通过　根据2023年12月29日第十四届全国人民代表大会常务委员会第七次会议《关于修改〈中华人民共和国慈善法〉的决定》修正）

第一章　总　　则

第一条　【立法目的】[①]为了发展慈善事业，弘扬慈善文化，规范慈善活动，保护慈善组织、捐赠人、志愿者、受益人等慈善活动参与者的合法权益，促进社会进步，共享发展成果，制定本法。

第二条　【适用范围】自然人、法人和非法人组织开展慈善活动以及与慈善有关的活动，适用本法。其他法律有特别规定的，依照其规定。

条文注释[②]

本法调整的主体范围，是自然人、法人和非法人组织。

①② 条文主旨、条文注释为编者所加，下同。——编者注

自然人既包括中国人也包括外国人。法人包括在中国境内依法成立的具有法人资格的单位和组织。根据《民法典》第一百零二条的规定,非法人组织是不具有法人资格,但是能够依法以自己的名义从事民事活动的组织。非法人组织包括个人独资企业、合伙企业、不具有法人资格的专业服务机构等。

本法的适用范围是慈善活动及与慈善有关的活动,同时,按照本法第二条规定,其他法律有特别规定的,依照其规定。《慈善法》是慈善制度建设的一部基础性、综合性法律。《慈善法》相对于某些法律是一般法,相对于某些法律又是特别法。从我国现有法律看,涉及慈善活动的相关法律还有《民法典》《公益事业捐赠法》《信托法》《红十字会法》等。这些法律大都对慈善活动的某一方面或者某些特殊主体作了规定。具体而言:(1)就《慈善法》与《公益事业捐赠法》和《民法典》的关系来看,《公益事业捐赠法》主要对向公益性社会团体和公益性非营利的事业单位捐赠财产用于公益事业作了规定;《民法典》规定了"赠与合同"一章。这两部法律与《慈善法》有关"慈善捐赠"一章的内容有重合和交叉的地方,二者并行不悖,在各自的调整范围内继续适用,尤其是《公益事业捐赠法》对政府接受捐赠等特殊事项的规定仍然继续适用;对二者不一致的内容,《慈善法》出台后,按照新法优于旧法的原则,适用《慈善法》。(2)就《慈善法》与《红十字会法》的关系而言,按照《红十字会法》的规定,中国红十字会是从事人道主义工作的社会救助团体。红十字会与一般的慈善组织相比有其特殊性,其组织、职责、财产等事项适用《红十字会法》的规定;红十字会开展募捐等事项,《红十字会法》未作规定或者仅作了原则性规定的，可以适用《慈善法》的有关具体规定。

第三条　【慈善活动定义】本法所称慈善活动，是指自然人、法人和非法人组织以捐赠财产或者提供服务等方式，自愿开展的下列公益活动：

（一）扶贫、济困；

（二）扶老、救孤、恤病、助残、优抚；

（三）救助自然灾害、事故灾难和公共卫生事件等突发事件造成的损害；

（四）促进教育、科学、文化、卫生、体育等事业的发展；

（五）防治污染和其他公害，保护和改善生态环境；

（六）符合本法规定的其他公益活动。

条文注释

慈善活动是指自然人、法人和非法人组织以捐赠财产或者提供服务等方式，自愿开展的公益活动。具体包括以下几层含义：(1)慈善活动的主体没有限制，包括所有的自然人、法人和非法人组织。(2)慈善活动的方式，包括捐赠财产或者提供服务等方式：第一，捐赠财产，按照本法规定，是指自然人、法人和非法人组织基于慈善目的，自愿、无偿赠与财产的活动。捐赠人可以通过慈善组织捐赠，也可以直接向受益人捐赠。捐赠财产包括货币、实物、有价证券、股权、知识产权等有形财产和无形财产。第二，提供服务，按照本法规定，是指慈善组织和其他组织以及个人基于慈善目的，向社会或者他人提供的志愿无偿服务以及其他非营利服务。慈善组织开展慈善服务，可以自己提供或者招募志愿者提供，也可以委托有服务专长的其他组织提供。这里讲的志愿无偿服务，是指不以获取报酬为目的，自愿服务于他人和社会的公益行为。(3)慈善活动的性质：一是自愿；二是公益性，即应当符合社会公共利益，是为不特定多数人的利益。还应当注意的是，本法所讲的公益活动与《公益事业捐赠法》中规定的公益活动在内涵上基本一致。此外，本法对哪些活动属于慈善活动采取了列举的方式，列举的内容与《公益事业捐赠法》和《信托法》规定的范围基本是一致的。

第四条　【开展慈善活动的原则】慈善工作坚持中国共产党的领导。

开展慈善活动，应当遵循合法、自愿、诚信、非营利的原则，不得违背社会公德，不得危害国家安全、损害社会公共利益和他人合法权益。

条文注释

本法在2023年修正时，增加“慈善工作坚持中国共产党的领导”的表述。这是《宪法》关于“中国共产党领导是中国特色社会主义最本质的特征”规定的体现。

慈善活动涉及慈善募捐、慈善捐赠、慈善信托、慈善服务等多个方面，在开展这些活动时应当遵循以下几项主要原则：

1. 合法原则。《慈善法》是慈善制度建设的基础性、综合性法律。除了《慈善法》之外，我国的《民法典》、《公益事业捐赠法》、《信托法》以及相关税法也对开展慈善活动作出了相关规定，对这些规定，开展慈善活动应当遵守。

2. 自愿原则。自愿原则是民事活动的基本原则。开展慈善活动涉及慈善组织、捐赠人、志愿者、受益人等多方参与人，各方当事人应当在自愿的基础上确定相互之间的权利和义务。为了充分保障慈善活动的自愿性，本法第三十二条规定，开展募捐活动，不得摊派或者变相摊派，不得妨碍公共秩序、企业生产经营和居民生活。第八十二条规定，涉及国家秘密、商业秘密、个人隐私的信息以及捐赠人、慈善信托的委托人不同意公开的姓名、名称、住所、通讯方式等信息，不得公开。

3. 诚信原则。诚信原则是要求在开展慈善活动时诚实、讲信用，不得欺诈或者有其他违背诚实信用的行为。就是要求慈善组织尊重和维护募捐对象的合法权益，保障募捐对象的知情权，不得通过虚构事实等方式欺骗、诱导募捐对象实施捐赠。同时要履行法律规定的信息公开义务，以增加慈善组织的公信力，把慈善事业做成人人信任的“透明口袋”，使诚信原则贯穿于慈善活动的每个环节。

4. 非营利原则。从本条规定可以看出，“非营利”是慈善活动的重要特征。非营利是指慈善组织开展活动不能以营利为目的。但是，非营利并不意味着慈善组织不能参与任何营利性活动，而是要求慈善组织通过经营取得的收入和利润必须用于慈善事业，不得在其发起人、成员中分配，以保证慈善组织的慈善宗旨不会改变。非营利原则还严格限制慈善组织与关系人之间发生交易等。“非营利”是慈善组织的最本质特征，也是慈善组织与公司等营利性组织的根本区别所在。

5. 不得违背社会公德，不得危害国家安全、损害社会公共利益和他人合法权益原则。自愿是开展慈善活动的一项基本原则，但是自愿原则的前提是慈善活动的参与人要遵守法律，不损害国家安全，不损害社会公共利益和他人的合法权益。《慈善法》等相关法律都对慈善活动有明确的禁止性规定，参与慈善活动的当事人对于这些规定必须严格遵守。

第五条　【弘扬传统美德】国家鼓励和支持自然人、法人和非法人组织践行社会主义核心价值观，弘扬中华民族传统美德，依法开展慈善活动。

条文注释

根据本条规定，国家鼓励和支持自然人、法人和非法人组织依法开展慈善活动。这一规定包含以下几层含义：

1. 鼓励和支持的主体是国家，主要是各级国家权力机关、国家行政机关、国家监察机关、国家司法机关等国家机关。

2. 鼓励和支持的对象是自然人、法人和非法人组织，即本法第三条规定的开展慈善活动的主体。

3. 鼓励和支持的内容是开展慈善活动，即开展本法第三条规定范围内的公益活动，而不是其他非公益活动。

4. 鼓励和支持的是依法开展慈善活动。这里的“依法”，主要是依据《慈善法》。除《慈善法》外，在我国的法律体系中涉及慈善相关内容的还有《民法典》《公益事业捐赠法》《信托法》《企业所得税法》《红十字会法》《个人所得税法》《个人所得税法实施条例》《救灾捐赠管理办法》等法律、法规和规章。自然人、法人和非法人组织在开展慈善活动时，除依据《慈善法》外，还应当遵守相关法律、法规和规章等的规定。本法第二条规定了慈善法与其他法律、法规的适用关系。

第六条　【管理体制】县级以上人民政府应当统筹、协调、督促和指导有关部门在各自职责范围内做好慈善事业的扶持发展和规范管理工作。

国务院民政部门主管全国慈善工作，县级以上地方各级人民政府民政部门主管本行政区域内的慈善工作；县级以上人民政府有关部门依照本法和其他有关法律法规，在各自的职责范围内做好相关工作，加强对慈善活动的监督、管理和服务；慈善组织有业务主管单位的，业务主管单位应当对其进行指导、监督。

条文注释

本条第一款为本法于2023年修正时新增的内容。慈善事业是一项综合性事业，涉及社会生活的各行业和各领域，参与主体广泛。明确县级以上人民政府对于慈善事业的职责，目的是发挥政府牵头抓总的作用，更好地形成发展慈善事业的合力。

本条第二款明确规定，国务院民政部门主管全国慈善工作，县级以上地方各级人民政府民政部门主管本行政区域内的慈善工作。各级民政部门应当依法履行职责，做好慈善组织的登记和认定工作，加强对慈善活动的监督检查和对慈善行业组织的指导，对涉嫌违法的慈善组织依法给予处罚。除了民政部门外，财政、税务、审计等部门对慈善活动承担着不同的监管职责，财政、税务、审计部门要依法对慈善组织的财务会计、享受税收优惠和使用公益事业捐赠统一票据、财务会计报告的审计等情况进行监督管理。由于慈善活动包括促进教育、科学、文化、卫生、体育等事业的发展，这些领域的主管部门在各自的职责范围内对慈善组织进行监督管理。各县级以上人民政府有关部门应当向慈善组织、慈善信托受托人等提供慈善需求信息，为慈善活动提供指导和帮助，通过购买服务等方式，支持符合条件的慈善组织向社会提供服务，并依照有关政府采购的法律法规向社会公开相关情况。

第七条 【中华慈善日】每年9月5日为“中华慈善日”。

第二章 慈善组织

第八条 【慈善组织定义及组织形式】本法所称慈善组织，是指依法成立、符合本法规定，以面向社会开展慈善活动为宗旨的非营利性组织。

慈善组织可以采取基金会、社会团体、社会服务机构等组织形式。

条文注释

根据本条规定，慈善组织具有下列特征：

1. 公益性。慈善组织的公益性，是指以面向社会开展公益活动为宗旨，以奉献社会、服务大众为使命，不以特定私人利益作为组织目的，相关财产不得被私人所分配和利用，也不得兼顾私利。关于“面向社会开展慈善活动”，主要是指慈善组织开展慈善活动的受益对象，应当是不特定的多数人。同时应注意，公益性是慈善组织的重要特征，但并非慈善组织的独有特征，除慈善组织外，其他的法人组织和非法人组织开展公益活动，也可能具有公益性。

2. 非营利性。慈善组织的非营利性，是指不以营利为目的，没有股东，不分配利润。“不以营利为目的”是慈善组织非营利性特征的具体表现，也是对慈善组织的基本要求。具体包含以下三个层面的含义：(1)慈善组织设立的目的不是营利。也就是说，慈善组织的宗旨、章程应当符合慈善的基本要求，出发点不是为了开展经营活动，获取利润。例如，基金会章程必须明确基金会的公益性质，不得规定使特定自然人、法人或者非法人组织受益的内容。(2)“不以营利为目的”并不排斥投资经营活动。慈善组织设立后，在具体的运行中，为实现慈善财产的保值、增值，可以开展低风险的投资经营活动。(3)对于投资活动取得收益的处理。根据慈善组织非营利性特征，投资取得的收益也属于慈善财产的一部分，也应当全部用于慈善目的，不得进行与慈善活动无关的分配。

3. 财产独立性和公共性。慈善组织的财产主要来自捐赠及其孳息，捐赠人的财产一旦捐给慈善组织，就不再属于捐赠人所有。慈善组织对其财产的使用受到慈善宗旨和捐赠合同的限定，必须用于慈善目的，并不得在慈善组织发起人、捐赠人和慈善组织成员中分配。

4. 自治性。慈善组织为切实履行自身宗旨，应当建立一套与其开展活动的特点相适应的内部治理机制，包括决策、执行及监督机制。

本条规定，慈善组织可以采取基金会、社会团体和社会服务机构等组织形式：

1. 基金会。基金会是利用自然人、法人或者非法人组织捐赠的财产，以从事公益事业为目的的非营利法人。按照《基金会管理条例》，基金会分为公募基金会和非公募基金会。需要注意的是，按照《基金会管理条例》，公募基金会和非公募基金会在登记设立时就明确了开展活动的具体形式，非公募基金会不能转变为公募基金会，对两类基金会在原始基金、治理结构、财产管理使用上提出了不同的要求。《慈善法》对基金会管理方式作出了适当调整，即把公开募捐作为一种资格管理，慈善组织具备一定的条件，就可以向办理其登记的民政部门申请公开募捐资格。也就是说，现有的非公募基金会符合《慈善法》规定的条件，也可以申请公开募捐资格，开展公开募捐活动。

2. 社会团体。社会团体是由公民自愿组成，为实现会员共同意愿开展活动的非营利性社会组织。社会团体要成为慈善组织，需以慈善即社会公共利益为宗旨，而不是服务于会员群体。需要说明的是，宗教团体是一类特殊的社会团体。目前，《宗教事务条例》和国家宗教事务局、中共中央统战部等六部门印发的《关于鼓励和规范宗教界从事公益慈善活动的意见》，对宗教团体和宗教活动场所接受捐赠，为公益慈善事业捐款捐物，设立公益慈善项目和公益慈善组织作了规定。

3. 社会服务机构。这是指企业事业单位和其他社会力量以及公民个人利用非国有资产举办的，从事非营利性社会服务活动的社会组织。目前，社会服务机构的主要类型有非营利的民办教育机构、民办医疗机构、社工服务机构等。社会服务机构要成为慈善组织，需要以面向社会开展慈善活动为宗旨，并符合慈善组织相应的条件。

第九条　【慈善组织条件】慈善组织应当符合下列条件：

（一）以开展慈善活动为宗旨；

（二）不以营利为目的；

（三）有自己的名称和住所；

（四）有组织章程；

（五）有必要的财产；

（六）有符合条件的组织机构和负责人；

（七）法律、行政法规规定的其他条件。

条文注释

关于慈善组织应当有必要的财产，根据本法第五十二条的规定，慈善组织的财产包括发起人捐赠、资助的创始财产，募集的财产以及其他合法财产。其他合法财产可能是货币、股权、知识产权、不动产等各种形式的合法财产。

第十条　【慈善组织的登记和认定】设立慈善组织，应当向县级以上人民政府民政部门申请登记，民政部门应当自受理申请之日起三十日内作出决定。符合本法规定条件的，准予登记并向社会公告；不符合本法规定条件的，不予登记并书面说明理由。

已经设立的基金会、社会团体、社会服务机构等非营利性组织，可以向办理其登记的民政部门申请认定为慈善组织，民政部门应当自受理申请之日起二十日内作出决定。符合慈善组织条件的，予以认定并向社会公告；不符合慈善组织条件的，不予认定并书面说明理由。

有特殊情况需要延长登记或者认定期限的，报经国务院民政部门批准，可以适当延长，但延长的期限不得超过六十日。

条文注释

本法于2023年修正时，修改了两处：删去了“本法公布前”，将“向其登记的民政部门”改为“向办理其登记的民政部门”。

本条将慈善组织的设立分为两种情形：第一，新设的慈善组织，应当向县级以上人民政府民政部门申请登记，民政部门应当自受理申请之日起三十日内作出决定。符合本法规定条件的，准予登记并向社会公告；不符合本法规定条件的，不予登记并书面说明理由。第二，已经设立的基金会、社会团体、社会服务机构等非营利性组织申请成为慈善组织的，可以向办理其登记的民政部门申请认定为慈善组织，民政部门应当自受理申请之日起二十日内作出决定。符合慈善组织条件的，予以认定并向社会公告；不符合慈善组织条件的，不予认定并书面说明理由。

第十一条　【慈善组织章程】慈善组织的章程，应当符合法律法规的规定，并载明下列事项：

（一）名称和住所；

（二）组织形式；

（三）宗旨和活动范围；

（四）财产来源及构成；

（五）决策、执行机构的组成及职责；
（六）内部监督机制；
（七）财产管理使用制度；
（八）项目管理制度；
（九）终止情形及终止后的清算办法；
（十）其他重要事项。

条文注释

慈善组织的章程，是指由慈善组织制定、经过登记管理部门审查批准，关于慈善组织性质、宗旨、任务、内部治理结构、人员构成、职责范围、权利义务、活动规则、纪律措施、终止程序等内容的文件，是慈善组织根本性的规章制度。

作为慈善组织根本性的规章制度，章程具有以下特征：

1. 合法性。这包括两个方面：(1) 内容上的合法性。也就是说，慈善组织章程的内容应当符合法律法规的规定。(2) 形式上的合法性。章程是慈善组织设立的必备条件之一，需要在申请登记时向登记管理机关提交，经过登记管理机关的审查批准。

2. 稳定性。章程是慈善组织的基本纲领和行动准则，在一段时间内应保持稳定，保证慈善组织规范、有序开展活动。如果需要修改章程，需要履行相应的程序。

3. 约束性。慈善组织章程提出的要求，一般不由国家强制力保证执行，而是依靠慈善组织的人员共同实施，对慈善组织及其人员有较强的规范作用和约束力。

第十二条　【慈善组织内部治理和会计监督】慈善组织应当根据法律法规以及章程的规定，建立健全内部治理结构，明确决策、执行、监督等方面的职责权限，开展慈善活动。

慈善组织应当执行国家统一的会计制度，依法进行会计核算，建立健全会计监督制度，并接受政府有关部门的监督管理。

条文注释

本法要求慈善组织在章程中载明“决策、执行机构的组成”“内部监督机制”等内容。其他行政法规、地方性法规根据需要，也可以对慈善组织的内部治理作出规定。慈善组织应当根据这些规定，建立健全内部治理结构，明确内部机构的职责权限，开展慈善活动。通常情况下，慈善组织的内部治理结构主要包括决策、执行和监督三个方面：

1. 决策机构。决策机构是慈善组织的中枢，通过定期召开会议等形式，行使决策权，如制定、修改章程，选举、罢免慈善组织负责人，决定慈善组织的重大业务计划，如资金募集、管理和使用计划，年度收支预算和决算审定，制定内部管理制度，决定设立办事机构、分支机构和代表机构，决定基金会的分离、合并或终止等重大事项。慈善组织的章程中，应当对该慈善组织决策机构的组成和职权作出明确的规定。

2. 执行机构。执行机构负责主持开展日常工作，是慈善组织内部具体组织开展慈善活动的机构。如基金会的执行机构通常是秘书处，在理事长和秘书长的领导下开展工作。执行机构的职权除了保证慈善组织的日常运转外，还负责组织实施年度工作计划，协调慈善组织内部各机构开展工作，代表本慈善组织对外签署文件、合同和接受捐赠、开展募捐，具体负责慈善财产的管理和使用，组织招募志愿者开展慈善活动等。

3. 监督机构。监督机构依照章程规定的程序，负责检查慈善组织的财务和会计资料，监督决策机构、执行机构遵守法律法规和章程的情况，有权向决策机构提出质询和建议，并向登记管理机关、业务主管单位以及税务、会计主管部门反映情况等。

慈善组织开展慈善活动涉及慈善财产的管理和使用，慈善财产兼具独立性和公共性的特点，决定对慈善财产管理和使用情况进行会计监督时，不宜采用企业等营利组织的会计制度。与企业会计制度相比，慈善组织执行的会计制度在会计要素、计量基础、净资产的核算和列报、收入确认、费用分类，以及会计报表构成等方面均有较大区别。2004 年 8 月 18 日财政部印发了《民间非营利组织会计制度》，2020 年 6 月 15 日财政部印发了《〈民间非营利组织会计制度〉若干问题的解释》，慈善组织应当执行财政部规定的统一的会计制度。

第十三条　【年度报告】慈善组织应当每年向办理其登记的民政部门报送年度工作报告和财务会计报告。报告应当包括年度开展募捐和接受捐赠、慈善财产的管理使用、慈善项目实施、募捐成本、慈善组织工作人员工资福利以及与境外组织或者个人开展合作等情况。

条文注释

慈善组织在进行年度报告时,应当向办理其登记的民政部门报送年度工作报告和财务会计报告:(1)年度工作报告是全面反映慈善组织年度运营和开展慈善活动等情况的报告。基金会的年度工作报告应当包括:年度开展募捐和接受捐赠、慈善财产的管理使用、慈善项目实施、募捐成本、慈善组织工作人员工资福利以及与境外组织或者个人开展合作等情况。根据《社会团体登记管理条例》的规定,社会团体的工作报告内容包括:遵守法律法规和国家政策的情况、依法履行登记手续的情况、按照章程开展活动的情况、人员和机构变动的情况以及财务管理的情况。(2)财务会计报告是单位依法向国家有关部门提供或者向社会公开披露的反映该单位财务状况和经营成果的书面文件。民间非营利组织会计制度在会计要素、计量基础、净资产的核算和列报、收入确认、费用分类,以及会计报表构成等方面均与企业会计制度有较大区别。

关于报告的内容,根据本条规定,报告应当包括:(1)开展募捐和接受捐赠情况,包括开展募捐的时间、地域、形式以及捐赠的种类、数量等情况。(2)慈善财产的管理使用情况,包括对募集的财产登记造册,对捐赠的不易储存、运输或者难以直接用于慈善目的的实物进行拍卖或者变卖,为实现财产保值、增值进行投资,按照募捐方案或者捐赠协议使用捐赠财产等情况。(3)慈善项目实施情况,包括慈善项目实施流程、受益人、项目支出、对项目实施进行跟踪监督等情况。(4)募捐成本情况。报告"募捐成本"情况为2023年《慈善法》修正时新增加的内容。《慈善法》第六十一条规定,慈善组织应当积极开展慈善活动，遵循管理费用、募捐成本等最必要原则，厉行节约，减少不必要的开支，充分、高效运用慈善财产。(5)慈善组织工作人员的工资福利情况，是指慈善组织为其工作人员提供工资、奖金、津贴、补贴等待遇的情况。(6)与境外组织或者个人开展合作情况。基于高水平对外开放的推进及与境外交往的日益频繁，2023年《慈善法》修正时新增报告“与境外组织或者个人开展合作”情况的内容。《慈善法》第一百零二条规定，国家鼓励开展慈善国际交流与合作。慈善组织接受境外慈善捐赠、与境外组织或者个人合作开展慈善活动的，根据国家有关规定履行批准、备案程序。

需要说明的是，本条列举的内容是从慈善组织的一般情况出发的，是所有类型和领域的慈善组织在进行年度报告时都应当报告的内容。实践中，报告的内容不局限于上述内容，不同类型和领域的慈善组织具有不同的特点，报告还应当依法结合并反映慈善组织各自的特点。

第十四条　【关联交易】慈善组织的发起人、主要捐赠人以及管理人员，不得利用其关联关系损害慈善组织、受益人的利益和社会公共利益。

慈善组织的发起人、主要捐赠人以及管理人员与慈善组织发生交易行为的，不得参与慈善组织有关该交易行为的决策，有关交易情况应当向社会公开。

条文注释

关联交易一般是指具有投资关系或合同关系的不同主体之间所进行的交易，又称关联方交易。应当注意的是，本条并不是禁止慈善组织所有的关联交易。本条禁止的是慈善组织的发起人、主要捐赠人、管理人员利用其关联关系损害慈善组织、受益人的利益和社会公共利益的关联交易，以及慈善组织的发起人、主要捐赠人、管理人员参与慈善组织有关交易行为的决策和不向社会公开有关交易情况的行为。

根据本条第一款规定，慈善组织的发起人、主要捐赠人、管理人员这三类人不得利用其关联关系损害慈善组织、受益人的利益和社会公共利益。关联关系，是指可能导致利益转移的各种关系，包括慈善组织的发起人、主要捐赠人、管理人员与其直接或者间接控制的企业、基金会、社会服务机构之间的关系等。本款对慈善组织的发起人、主要捐赠人以及管理人员利用其关联关系损害慈善组织、受益人的利益和社会公共利益的作出了禁止性规定。

本条第二款主要是通过程序来避免发生对慈善组织不利的关联交易。本款规定，慈善组织的发起人、主要捐赠人以及管理人员与慈善组织发生交易行为的，不得参与慈善组织有关该交易行为的决策，有关交易情况应当向社会公开。慈善组织的发起人、主要捐赠人以及管理人员与慈善组织发生交易行为的，应当回避对该交易的决策，这是慈善组织的发起人、主要捐赠人以及管理人员的一项法定义务。除决策回避外，本款还规定，慈善组织的发起人、主要捐赠人以及管理人员与慈善组织交易的情况应当向社会公开。

第十五条　【慈善组织不得从事的活动】慈善组织不得从事、资助危害国家安全和社会公共利益的活动，不得接受附加违反法律法规和违背社会公德条件的捐赠，不得对受益人附加违反法律法规和违背社会公德的条件。

第十六条　【不得担任慈善组织负责人的情形】有下列情形之一的，不得担任慈善组织的负责人：

（一）无民事行为能力或者限制民事行为能力的；

（二）因故意犯罪被判处刑罚，自刑罚执行完毕之日起未逾五年的；

（三）在被吊销登记证书或者被取缔的组织担任负责人，自该组织被吊销登记证书或者被取缔之日起未逾五年的；

（四）法律、行政法规规定的其他情形。

条文注释

本法第十六条仅规定了哪些人员不得担任慈善组织的负责人，即对负责人的任职开出“负面清单”，属于最低要求。对不得担任慈善组织的负责人的限制性要求是：(1)无民事行为能力或者限制民事行为能力。民事权利能力，是指享有民事权利、承担民事义务的资格。民事权利包括物权、债权、知识产权、人身权等。民事行为能力是指独立地行使民事权利、履行义务的能力，包括承担其所作的民事行为后果的能力。只有具有民事行为能力的人，才可以独立实施一定的民事法律行为，产生预期的民事法律后果，因而，公民是否具有民事行为能力，直接关系到其进行的民事活动是否具有法律意义。(2)因故意犯罪被判处刑罚，自刑罚执行完毕之日起未逾五年。(3)在被吊销登记证书或者被取缔的组织担任负责人，自该组织被吊销登记证书或者被取缔之日起未逾五年。(4)法律、行政法规规定的其他情形。如《基金会管理条例》规定,基金会理事长、副理事长和秘书长不得由现职国家工作人员兼任。基金会的法定代表人,不得同时担任其他组织的法定代表人。公募基金会和原始基金来自中国内地的非公募基金会的法定代表人,应当由内地居民担任。《社会团体登记管理条例》规定,社会团体的法定代表人,不得同时担任其他社会团体的法定代表人。

第十七条 【慈善组织终止情形】慈善组织有下列情形之一的,应当终止:

(一)出现章程规定的终止情形的;

(二)因分立、合并需要终止的;

(三)连续二年未从事慈善活动的;

(四)依法被撤销登记或者吊销登记证书的;

(五)法律、行政法规规定应当终止的其他情形。

条文注释

慈善组织的终止,是指慈善组织因发生章程规定或者法律规定的解散事由而停止活动,最终可能失去法律人格的法律行为。根据本条规定,慈善组织有下列情形之一的,应当终止:

1. 出现章程规定的终止情形。本法第十一条规定,慈善组织的章程,应当载明终止情形及终止后的清算办法。终止情形是慈善组织章程中必须记载的事项,在制定章程时,可以预先约定慈善组织终止的各种事由。

2. 因分立、合并需要终止。慈善组织的合并可以分为吸收合并和新设合并两种形式。吸收合并,是指通过将一个或一个以上的慈善组织并入另一个慈善组织的方式而进行慈善组织合并的一种法律行为。当慈善组织吸收合并时，并入的慈善组织终止，其法人资格消失，接受合并的慈善组织继续存在，并办理相关变更手续及将变更信息公开。新设合并，是指两个或者两个以上的慈善组织以消灭各自的法人资格为前提而合并为一个新的慈善组织的法律行为，当新设合并时，原有慈善组织的法人资格均告消灭。

3. 连续二年未从事慈善活动。对于一定时间内没有从事慈善活动的慈善组织，法律规定取消其法律人格。

4. 依法被撤销登记或者吊销登记证书。吊销登记证书属于行政处罚措施，《行政处罚法》第九条规定，行政处罚的种类包括：警告、通报批评；罚款、没收违法所得、没收非法财物；暂扣许可证件、降低资质等级、吊销许可证件；限制开展生产经营活动、责令停产停业、责令关闭、限制从业；行政拘留；法律、行政法规规定的其他行政处罚。吊销登记证书属于“吊销许可证件”范畴，是一种严厉的行政处罚措施。

5. 法律、行政法规规定应当终止的其他情形。

第十八条　【慈善组织的清算】慈善组织终止，应当进行清算。

慈善组织的决策机构应当在本法第十七条规定的终止情形出现之日起三十日内成立清算组进行清算，并向社会公告。不成立清算组或者清算组不履行职责的，办理其登记的民政部门可以申请人民法院指定有关人员组成清算组进行清算。

慈善组织清算后的剩余财产，应当按照慈善组织章程的规定转给宗旨相同或者相近的慈善组织；章程未规定的，由办理其登记的民政部门主持转给宗旨相同或者相近的慈善组织，并向社会公告。

慈善组织清算结束后，应当向办理其登记的民政部门办理注销登记，并由民政部门向社会公告。

条文注释

慈善组织的清算，是在慈善组织终止后，依照一定程序了结慈善组织事务使慈善组织归于消灭的一系列法律行为和制度的总成。慈善组织终止后，都应当进行清算，不经清算，不得注销设立登记。因此，清算是慈善组织的法人资格消灭前的一个必经程序。慈善组织的清算由慈善组织的决策机构成立的清算组按照法定程序进行。

慈善组织的清算组，是指在慈善组织清算期间负责清算事务执行的法定机构。由于慈善组织终止后其业务执行机构丧失了执行权力，清算组必须接管慈善组织的后继事务。在一般情况下，清算组由慈善组织的决策机构成立。在特殊情况下，当慈善组织不成立清算组或者清算组不履行职责时，民政部门可以申请人民法院指定有关人员组成清算组进行清算。此外，对于清算组具体人员的选任条件和任职资格，本法未作限定，法人和自然人均可出任清算人。一般而言，清算组在清算期间的职权主要有：(1)全面清理慈善组织财产，列出财产清单；(2)处理与清算有关的慈善组织未了结的慈善项目或慈善服务等业务；(3)清缴慈善组织所欠税款以及清算过程中所产生的税款；(4)代表慈善组织参与民事诉讼活动等。

慈善组织清算后，剩余财产不得向其发起人、捐赠人以及慈善组织成员进行分配。应按照慈善组织章程的规定转给宗旨相同或者相近的慈善组织；章程未规定的，民政部门主持转给宗旨相同或者相近的慈善组织，并向社会公告。同时，慈善组织清算结束后，还应当办理注销登记。办理注销登记后其法人资格取消，由民政部门履行信息公开的义务，向社会公告慈善组织的注销情况。本法第七十六条规定，县级以上人民政府民政部门和其他有关部门应当及时向社会公开包括慈善组织登记事项、慈善信托备案事项、具有公开募捐资格的慈善组织名单、具有出具公益性捐赠税前扣除票据资格的慈善组织名单、对慈善活动的税收优惠、资助补贴等促进措施、向慈善组织购买服务的信息等慈善信息。其中，慈善组织登记事项就包括慈善组织的注销登记情况。

第十九条　【慈善行业组织】慈善组织依法成立行业组织。

慈善行业组织应当反映行业诉求，推动行业交流，提高慈善行业公信力，促进慈善事业发展。

条文注释

慈善行业组织是由慈善组织作为会员自愿组成，协调慈善组织与政府、捐赠方等关系，旨在促进慈善事业规范发展的自律性行业组织。2014 年《国务院关于促进慈善事业健康发展的指导意见》规定，强化慈善行业自律，要推动建立慈善领域联合型、行业性组织，建立健全行业标准和行为准则，增强行业自我约束、自我管理、自我监督能力。

第二十条　【授权规定】慈善组织的组织形式、登记管理的具体办法由国务院制定。

条文注释

本条规定，“慈善组织的组织形式、登记管理的具体办法由国务院制定”，授权仅限于慈善组织的组织形式和登记管理两方面的内容，国务院在制定具体办法的时候不应超过组织形式和登记管理的内容限制。

第三章　慈 善 募 捐

第二十一条　【慈善募捐的定义】本法所称慈善募捐，是指慈善组织基于慈善宗旨募集财产的活动。

慈善募捐，包括面向社会公众的公开募捐和面向特定对象的定向募捐。

条文注释

本条对慈善募捐的概念作了法律上的界定，慈善募捐具有以下特征：(1)慈善募捐是慈善组织的专属活动。根据本法第二条的规定，自然人、法人和非法人组织均可开展慈善活动，但慈善募捐作为慈善活动的一个环节，由于其涉及公共资金的募集和管理，只能由慈善组织来实施。需要注意的是，慈善募捐是慈善组织的一项专属活动，但并不排斥慈善组织以外的其他组织和个人接受慈善捐赠。根据本法第三十五条的规定，捐赠人可以通过慈善组织捐赠，也可以直接向受益人捐赠。慈善组织以外的其他组织和个人被动接受捐赠人的捐赠,不属于慈善募捐行为。(2)慈善募捐应当服务于慈善宗旨的实现。慈善宗旨是指某一特定的慈善组织为开展慈善活动而设定的宗旨或者目标。相对于整个慈善活动而言,慈善募捐本身不是目的,而仅仅是一个中间环节。慈善组织开展慈善募捐活动,不是为了慈善组织本身的利益,而是为了不特定对象开展的一种公益活动。(3)慈善募捐是一种募集财产的活动。其行为本身是指通过设置募捐箱、通过广播电视互联网等媒体发布募捐信息,劝导募捐对象向慈善组织捐赠款物的行为,这也是其区别于被动接受捐赠的一项显著特征。

公开募捐是面向社会公众募集慈善财产的一种募捐活动。公开募捐的核心特征在于募捐对象的不确定性,即慈善组织在开展公开募捐时,其所针对的对象是不特定的社会公众,而非特定的某些人或者某一类人。

定向募捐是面向特定对象募集慈善财产的一种募捐活动。定向募捐的核心特征在于募捐对象的特定性。关键要看募捐对象与慈善组织之间是否具有"特定的关系",这种特定的关系可以是组织上的关系,例如本法第二十九条所列举的慈善组织的发起人、理事会成员和会员。

应当注意的是,在实践中区分某一慈善募捐究竟属于定向募捐还是公开募捐,需要把握两个因素:一是定向募捐和公开募捐不能简单地以募捐对象的数量多少来划分。公开募捐由于面向社会公众,一般来说数量众多;定向募捐由于面向特定对象,一般来说数量有限。但是在某些情况下,一些表面上看起来对象有限的定向募捐实际上是公开募捐。例如,某一慈善组织专门针对某一些人群上门开展募捐,而这些人与该慈善组织之间没有特定的关系，既不是该慈善组织的发起人、理事会成员或者会员，也没有其他特定的利害关系。这种所谓的“定向募捐”即使其所针对的人数十分有限，仍然有可能构成公开募捐。又如，某高校设立的基金会针对其校友开展募捐活动，尽管其校友数量可能成千上万，但是由于校友与学校之间具有特定的身份关系，仍不属于公开募捐而属于定向募捐。二是公开募捐与定向募捐不能简单地以募捐方式来划分。本法第二十三条规定了开展公开募捐可以采取的方式，同时第三十条明确规定开展定向募捐不得采取或者变相采取上述方式。这主要是考虑到本法第二十三条规定的募捐方式所针对的募捐对象必然是不特定的，采取这些方式开展募捐必然是公开募捐，因此不得为定向募捐所用。在实践中，有些募捐方式如义展、义拍、慈善晚会等，如果是面向特定对象的，同样可以为定向募捐所采取；而只有面向社会公众举办的义展、义拍、慈善晚会等，才属于公开募捐的方式。

第二十二条 【公开募捐资格】慈善组织开展公开募捐，应当取得公开募捐资格。依法登记满一年的慈善组织，可以向办理其登记的民政部门申请公开募捐资格。民政部门应当自受理申请之日起二十日内作出决定。慈善组织符合内部治理结构健全、运作规范的条件的，发给公开募捐资格证书；不符合条件的，不发给公开募捐资格证书并书面说明理由。

其他法律、行政法规规定可以公开募捐的非营利性组织,由县级以上人民政府民政部门直接发给公开募捐资格证书。

条文注释

根据本条规定,慈善组织取得公开募捐资格应当符合下列条件:(1)依法登记满一年。这是慈善组织申请公开募捐资格的时限要求。在一年的考验期内,慈善组织不得开展公开募捐,但是可以开展定向募捐,并运用慈善组织的创始财产以及定向募捐获得的慈善财产开展慈善活动。(2)慈善组织内部治理结构健全。这主要是指慈善组织分别设置了符合本法规定的内部机构,各机构之间职责分工明确,决策、执行、监督等方面的职责都有相应的机构来承担。(3)慈善组织运作规范。这里的"运作规范",主要是指慈善组织在运行过程中,严格遵守本法规定的各项规定,没有出现违反本法规定的行为,没有依照本法规定受到相应的处罚。也就是说,慈善组织登记成立后,只要严格遵守本法规定,未受到行政处罚,即符合本条规定的运作规范的要求,民政部门不得附加其他额外条件。

本条同时对慈善组织申请公开募捐资格的程序作了明确规定。需要说明的是,申请公开募捐资格是慈善组织的一项权利而非义务,慈善组织有权行使也可以不行使。

另外,发给公开募捐资格证书是一项行政许可,本法未作规定的,同时应当适用《行政许可法》的规定。例如,民政部门经审查后不发给公开募捐资格证书的,当事人可以依据《行政许可法》的规定,依法申请行政复议或者提起行政诉讼。

需要说明的是，本法中所规定的“公开募捐资格”，是指慈善组织的公开募捐资格。因此，无论是可以公开募捐资格的基金会还是社会团体，应当在其依法认定为慈善组织后，由民政部门直接发给公开募捐资格证书；上述基金会和社会团体未申请认定为慈善组织的，不适用本条第二款的规定。

根据《民政部社会组织管理局关于不具有公开募捐资格的组织或者个人不得开展公开募捐活动的提示》的规定，社会公众参加慈善募捐活动之前，请先核实活动举办方的合法身份和是否具有公开募捐资格。可通过全国慈善信息公开平台“慈善中国”（cishan. chinanpo. gov. cn）查询是否属于具备公开募捐资格的社会组织。发现不具备公开募捐资格却开展公开募捐活动的，可以向当地民政部门举报，也可通过“中国社会组织公共服务平台”（www. chinanpo. gov. cn）或者“中国社会组织动态”微信公众号投诉举报。发现假借慈善名义或者假冒慈善组织骗取财产的，可以向公安机关举报。

第二十三条　【公开募捐方式】开展公开募捐，可以采取下列方式：

（一）在公共场所设置募捐箱；

（二）举办面向社会公众的义演、义赛、义卖、义展、义拍、慈善晚会等；

（三）通过广播、电视、报刊、互联网等媒体发布募捐信息；

（四）其他公开募捐方式。

慈善组织采取前款第一项、第二项规定的方式开展公开募捐的，应当在办理其登记的民政部门管辖区域内进行，确有必要在办理其登记的民政部门管辖区域外进行的，应当报其开展募捐活动所在地的县级以上人民政府民政部门备案。捐赠人的捐赠行为不受地域限制。

条文注释

开展公开募捐的方式，具体如下：(1)在公共场所设置募捐箱。(2)举办面向社会公众的义演、义赛、义卖、义展、义拍、慈善晚会等。义演、义赛、义卖、义展、义拍，是指将演出、比赛、销售、展览、拍卖等获得的收入贡献给慈善事业。慈善晚会是指通过举办晚会的方式筹集善款用于慈善事业。需要说明的是，本项规定中的方式，尤其是义卖、义拍、慈善晚会等，既有可能为公开募捐所采取，也有可能为定向募捐所采取。二者的区别，关键在于参加活动的对象是不是特定的。如果对象特定，定向募捐也可以采取这些方式，但不得通过举办面向社会公众的义演、义赛、义卖、义展、义拍和慈善晚会的方式开展定向募捐。(3)通过广播、电视、报刊、互联网等媒体发布募捐信息。(4)其他公开募捐方式。例如，慈善组织登门劝募，如果其是面向社会公众即不特定的对象开展的，也属于公开募捐；慈善组织还可以在街头、车站、码头、机场等公共场所向社会公众派发募捐传单，劝导社会公众将款物转账至指定的账户或者送达特定的地点，同样也是一种公开募捐方式。

本条第二款对慈善组织通过在公共场所设置募捐箱以及举办面向社会公众的义演、义赛等设置了地域限制，明确采取这些方式开展公开募捐原则上应当在办理慈善组织登记的民政部门管辖区域内进行。

第二十四条　【公开募捐方案】开展公开募捐,应当制定募捐方案。募捐方案包括募捐目的、起止时间和地域、活动负责人姓名和办公地址、接受捐赠方式、银行账户、受益人、募得款物用途、募捐成本、剩余财产的处理等。

募捐方案应当在开展募捐活动前报慈善组织登记的民政部门备案。

条文注释

根据本条规定,募捐方案的内容具体是:(1)募捐目的,是指募捐活动所要达到的目标,其应当明确、具体。(2)募捐活动的起止时间和地域。本法第七十九条对慈善组织应当根据公开募捐周期的长短定期向社会公开其募捐情况和慈善项目实施情况作了明确规定,募捐活动的起止时间与信息公开的要求密切相关。募捐活动的地域范围是指募捐活动在哪些地域开展,根据本法第二十三条的规定,慈善组织采取在公共场所设置募捐箱,以及举办义演、义赛、义卖、义展、义拍、慈善晚会等方式开展公开募捐的,应当在办理其登记的民政部门管辖区域内进行,确有必要在办理其登记的民政部门管辖区域外进行的,应当报其开展募捐活动所在地的县级以上人民政府民政部门备案。捐赠人的捐赠行为不受地域限制。(3)募捐活动负责人姓名和办公地址。(4)接受捐赠方式、银行账户。(5)募捐活动的受益人。募捐方案中确定的受益人往往是某一种类型或者符合某些特定资助条件的受益人，而不是某一个特定的资助对象。(6)募得款物用途。(7)募捐成本。募捐成本又称筹资费用，根据《民间非营利组织会计制度》的规定，筹资费用是指民间非营利组织为筹集业务活动所需资金而发生的费用，包括民间非营利组织为了获得捐赠资产而发生的费用以及应当计入当期费用的借款费用、汇兑损失(减汇兑收益)等。民间非营利组织为了获得捐赠资产而发生的费用，包括举办募款活动费，准备、印刷和发放募款宣传资料费以及其他与募款或者争取捐赠资产有关的费用。(8)慈善项目实施后剩余财产的处理。根据本法第五十八条的规定，慈善项目终止后捐赠财产有剩余的，按照募捐方案或者捐赠协议处理；募捐方案未规定或者捐赠协议未约定的，慈善组织应当将剩余财产用于目的相同或者相近的其他慈善项目，并向社会公开。因此，募捐方案可以对慈善项目实施后剩余财产的处理作出规定，既可以规定将剩余财产用于目的相同或者相近的其他慈善项目，也可以作其他规定，如将其归入慈善组织的其他财产。

本条对符合条件的慈善组织开展公开募捐活动的募捐方案，采取备案制。慈善组织开展公开募捐活动前应当将本次募捐方案报慈善组织登记的民政部门备案。

第二十五条 【公开募捐中的信息公开】开展公开募捐，应当在募捐活动现场或者募捐活动载体的显著位置，公布募捐组织名称、公开募捐资格证书、募捐方案、联系方式、募捐信息查询方法等。

条文注释

本条要求慈善组织在开展公开募捐过程中，必须在募捐活动现场或者募捐活动载体的显著位置公开相关信息。“募捐活动现场”与“募捐活动载体”主要是根据公开募捐的不同方式确定的。本法第二十三条规定了公开募捐的方式。“募捐活动现场”指的是“在公共场所设置募捐箱”和“举办面向社会公众的义演、义赛、义卖、义展、义拍、慈善晚会等”的情形。“募捐活动载体”指的是“通过广播、电视、报刊、互联网等媒体发布募捐信息”的情形。“显著位置”指的是募捐活动现场或者募捐活动载体明显、引人注目的位置。例如,募捐箱上、募捐网站的首页、义拍会会场门口等易被捐赠人发现的地方。

根据本条规定,慈善组织在开展公开募捐过程中,信息公开的内容包括:(1)募捐组织名称。即开展公开募捐的慈善组织名称。(2)公开募捐资格证书。根据本法第二十二条第一款的规定,慈善组织开展公开募捐,应当取得公开募捐资格。公开募捐资格证书即开展公开募捐的慈善组织取得的证书。公布的公开募捐资格证书可以是原件,也可以是扫描件或者复印件。(3)募捐方案。即本法第二十四条规定的募捐方案,其内容包括募捐目的、起止时间和地域、活动负责人姓名和办公地址、接受捐赠方式、银行账户、受益人、募得款物用途、募捐成本、剩余财产的处理等。(4)联系方式。(5)募捐信息查询方法。这里的募捐信息包括募捐活动的进展情况以及募得款物的情况等。

应当注意的是,本条是对公开募捐过程中信息公开的要求,关于慈善组织开展定向募捐时信息公开的要求,还应当遵守本法第二十九条第二款“慈善组织开展定向募捐,应当在发起人、理事会成员和会员等特定对象的范围内进行,并向募捐对象说明募捐目的、募得款物用途等事项”的规定。

第二十六条 【合作募捐】不具有公开募捐资格的组织或者个人基于慈善目的,可以与具有公开募捐资格的慈善组织合作,由该慈善组织开展公开募捐,合作方不得以任何形式自行开展公开募捐。具有公开募捐资格的慈善组织应当对合作方进行评估,依法签订书面协议,在募捐方案中载明合作方的相关信息,并对合作方的相关行为进行指导和监督。

具有公开募捐资格的慈善组织负责对合作募得的款物进行管理和会计核算,将全部收支纳入其账户。

条文注释

2023年《慈善法》修正,增加规定,“合作方不得以任何形式自行开展公开募捐。具有公开募捐资格的慈善组织应当对合作方进行评估,依法签订书面协议,在募捐方案中载明合作方的相关信息,并对合作方的相关行为进行指导和监督”,“具有公开募捐资格的慈善组织负责对合作募得的款物进行管理和会计核算,将全部收支纳入其账户”。

按照本法第二十一条第一款规定,慈善募捐是指慈善组织基于慈善宗旨募集财产的活动。开展公开募捐的主体应当是慈善组织,并且应当取得公开募捐资格。同时,本法为个人和不具备公开募捐资格的组织参与公开募捐提供了途径,规定其可以与具有公开募捐资格的慈善组织合作开展公开募捐。合作开展公开募捐的主体是具有公开募捐资格的慈善组织,因此该慈善组织有权对合作募得的款物进行管理和会计核算,将全部收支纳入其账户。《慈善法》在“慈善财产”一章中对慈善组织管理募得款物的要求作了明确规定。

第二十七条 【互联网公开募捐及平台】慈善组织通过互联网开展公开募捐的，应当在国务院民政部门指定的互联网公开募捐服务平台进行，并可以同时在其网站进行。

国务院民政部门指定的互联网公开募捐服务平台，提供公开募捐信息展示、捐赠支付、捐赠财产使用情况查询等服务；无正当理由不得拒绝为具有公开募捐资格的慈善组织提供服务，不得向其收费，不得在公开募捐信息页面插入商业广告和商业活动链接。

第二十八条 【公开募捐信息查验】广播、电视、报刊以及网络服务提供者、电信运营商，应当对利用其平台开展公开募捐的慈善组织的登记证书、公开募捐资格证书进行验证。

条文注释

本法第二十三条规定，公开募捐可以通过广播、电视、报刊、互联网等媒体发布募捐信息。第二十七条规定，慈善组织通过互联网开展公开募捐的，应当在国务院民政部门指定的互联网公开募捐服务平台进行，并可以同时在其网站进行。对采用上述方式进行公开募捐的，本法第二十八条规定了相应的验证义务。2014年《国务院关于促进慈善事业健康发展的指导意见》对平台的验证义务也作了规定，指出，广播、电视、报刊及互联网信息服务提供者、电信运营商，应当对利用其平台发起募捐活动的慈善组织的合法性进行验证，包括查验登记证书、募捐主体资格证明材料。

本条规定的验证义务主体包括“广播、电视、报刊以及网络服务提供者、电信运营商”。其中,广播、电视、报刊是传统的新闻媒体渠道,通过这些媒体可以发布募捐信息。所谓“网络服务提供者”,从广义上讲,指通过信息网络向社会公众提供信息或者为获取网络信息等目的提供服务的机构,包括仅提供连线、连入等物理基础设施服务的网络服务提供者和提供大量各类作品、新闻信息内容的网络服务提供者。所谓“电信运营商”,是指提供包括互联网接入服务在内的通信服务公司。

本条规定的验证对象是利用其平台开展公开募捐的慈善组织的登记证书、公开募捐资格证书。应当注意的是,只有公开募捐才能通过广播、电视、报刊、互联网等媒体发布募捐信息,面向特定对象的定向募捐不得通过这些方式发布募捐信息。这是因为,定向募捐的对象是特定的,而广播、电视、报刊、互联网等媒体的受众是不特定的,不符合定向募捐的内涵。

第二十九条　【定向募捐】慈善组织自登记之日起可以开展定向募捐。

慈善组织开展定向募捐,应当在发起人、理事会成员和会员等特定对象的范围内进行,并向募捐对象说明募捐目的、募得款物用途等事项。

条文注释

本法第二十一条第二款规定,慈善募捐包括面向社会公众的公开募捐和面向特定对象的定向募捐。根据这一规定,定向募捐是与公开募捐并列的一种募捐方式,其最主要的特征是只针对特定对象开展募捐。尽管本法对慈善组织取得公开募捐资格设置了一定的时间要求(依法登记满一年)和条件要求(内部治理结构健全、运作规范),但是定向募捐是慈善组织依照本法规定自始享有的一项权利,即慈善组织一经登记成立,便享有开展定向募捐的权利。

与公开募捐相区别,定向募捐的募捐对象是特定的。本条第二款列举了定向募捐的对象范围,这些对象包括慈善组织的发起人、理事会成员和会员。慈善组织的"发起人"也称慈善组织的创办人,是指依照有关法律规定订立发起人协议,提出设立慈善组织申请,并对慈善组织的设立承担责任的人。"理事会成员"是指慈善组织理事会的组成人员,既包括个人成员,也包括单位成员。"会员"是指慈善组织的组成人员,如某一个经认定为慈善组织的协会的会员。这些特定对象与慈善组织之间都具有组织或者身份上的特定关系,慈善组织向这些特定对象开展募捐,属于定向募捐。还应注意,该范围不限于上述列举的对象范围,还可能包括其他对象,例如与慈善组织有特定利害关系的单位或者个人,如慈善组织的个人发起人所在的单位,与慈善组织经常发生交易关系的单位,等等。

本条第二款还对慈善组织开展定向募捐作了以下基本要求:(1)慈善组织开展定向募捐应当向募捐对象说明募捐目的,其指向只要符合本法第三条中规定的慈善活动的范围即可。(2)慈善组织开展定向募捐应当向募捐对象说明募得款物用途,即慈善组织通过定向募捐获得的款物将具体用于哪些方面的活动。

第三十条　【定向募捐方式的限制】开展定向募捐，不得采取或者变相采取本法第二十三条规定的方式。

条文注释

本法第二十三条对慈善组织开展公开募捐可以采取的方式作了规定，其中列举的方式，包括在公共场所设置募捐箱，面向社会公众举办义演、义赛、义卖、义展、义拍、慈善晚会，以及通过广播、电视、报刊、互联网等媒体发布募捐信息等。从这些方式看，由于其面向的是不特定的社会公众，一旦采用了这些方式，即构成了公开募捐行为。因此，慈善组织开展定向募捐不得采取这些方式。需要说明的是，公开募捐与定向募捐二者并不能简单地以募捐方式来划分。本法第二十三条规定的募捐方式，其所针对的募捐对象必然是不特定的，采取这些方式开展募捐必然是公开募捐，因此这些方式不得为定向募捐所用。在实践中，有些募捐方式如义展、义拍、慈善晚会等，如果是面向特定对象的，同样可以为定向募捐所采取，而只有面向社会公众举办的义展、义拍、慈善晚会等，才属于公开募捐的方式。

第三十一条　【募捐对象的权益】开展募捐活动，应当尊重和维护募捐对象的合法权益，保障募捐对象的知情权，不得通过虚构事实等方式欺骗、诱导募捐对象实施捐赠。

第三十二条　【禁止摊派】开展募捐活动，不得摊派或者变相摊派，不得妨碍公共秩序、企业生产经营和居民生活。

第三十三条　【禁止虚假慈善】禁止任何组织或者个人假借慈善名义或者假冒慈善组织开展募捐活动，骗取财产。

第四章　慈善捐赠

第三十四条　【慈善捐赠的定义】本法所称慈善捐赠，是指自然人、法人和非法人组织基于慈善目的，自愿、无偿赠与财产的活动。

条文注释

本条规定慈善捐赠的主体，为自然人、法人和非法人组织，这些都是民法上的概念。(1)自然人。自然人是相对于法人而言的，基于自然出生而依法享有民事权利，承担民事义务的个人，不仅包括我国境内的公民个人，也包括港澳台同胞、华侨华人及外国公民。需要注意的是，判断某一自然人的捐赠行为的法律后果时，必须考虑捐赠人是否具有法定的民事行为能力。(2)法人。这是指具有民事权利能力和民事行为能力，依法独立享有民事权利和承担民事义务的组织。我国的法人包括营利法人、非营利法人和特别法人，其中非营利法人包括事业单位、社会团体、基金会、社会服务机构等。(3)非法人组织。这是指不具有法人资格，但是能够依法以自己的名义从事民事活动的组织。非法人组织包括个人独资企业、合伙企业、不具有法人资格的专业服务机构等。

根据本条规定，慈善捐赠是自愿无偿的。这是慈善捐赠本身所具有的属性，不具有自愿性和无偿性的就不能称为慈善捐赠。具体而言：(1)慈善捐赠应当是自愿的。慈善捐赠应当是捐赠人的自主、自愿行为，捐赠人有权根据自身情况决定是否进行慈善捐赠、捐赠什么、捐赠多少、捐赠方式、捐赠期限、向哪个慈善组织或者受益人进行慈善捐赠等。慈善捐赠是捐赠人和受赠人双方的自愿行为，既不能强行摊派，也不能强迫受赠，捐赠程序应当体现慈善捐赠人和受赠人双方的意愿。(2)慈善捐赠应当是无偿的。也就是说，捐赠人将自己的财产给付受赠人，受赠人取得捐赠财产，无须向捐赠人支付相应的代价。

第三十五条　【捐赠途径】捐赠人可以通过慈善组织捐赠，也可以直接向受益人捐赠。

条文注释

根据本法第八条和第十条的规定，慈善组织是指依法成立、符合本法规定，以面向社会开展慈善活动为宗旨的非营利性组织，可以采取基金会、社会团体、社会服务机构等组织形式。新设立的慈善组织，应当依法直接向县级以上人民政府民政部门申请登记；已经设立的基金会、社会团体、社会服务机构等非营利性组织，可以向办理其登记的民政部门申请认定为慈善组织。

本条所称的受益人，主要是指在经济或者生活上陷入困境、凭自己的能力难以脱困，或者遇到自然灾害、事故灾难、公共卫生事件等突发事件造成损害、急需获得社会帮助的人。应注意以下两个问题：(1)2016年《慈善法》公布前未向民政部门申请慈善组织认定的原公益性非营利组织，以及公益性非营利的教、科、文、卫、体、福利等事业单位，仍可依据《公益事业捐赠法》的有关规定接受捐赠人的捐赠，将受赠财产用于社会公共和社会福利事业，这也是符合本法第三条规定的立法精神的。这种情况下，上述公益性非营利组织和事业单位也是慈善捐赠的受益人。(2)在慈善捐赠中，政府一般不可以作为受赠人，更不可以成为直接受益人。但根据《公益事业捐赠法》第十一条的规定，在发生自然灾害时或者境外捐赠人要求县级以上人民政府及其部门作为受赠人时，县级以上人民政府及其部门可以接受捐赠，并依法对捐赠财产进行管理。县级以上人民政府及其部门可以将受赠财产转交公益性社会团体或者公益性非营利的事业单位；也可以按照捐赠人的意愿分发或者兴办公益事业，但是不得以本机关为受益对象。

第三十六条　【捐赠财产】捐赠人捐赠的财产应当是其有权处分的合法财产。捐赠财产包括货币、实物、房屋、有价证券、股权、知识产权等有形和无形财产。

捐赠人捐赠的实物应当具有使用价值，符合安全、卫生、环保等标准。

捐赠人捐赠本企业产品的，应当依法承担产品质量责任和义务。

条文注释

根据本条规定，捐赠人捐赠的财产具有以下特征：(1)捐赠财产必须是合法财产。盗窃、抢劫，或以其他非法手段获得的财产,不属于合法财产,不能作为捐赠财产。(2)捐赠人对其捐赠的财产必须依法享有处分权,即所有人对财产享有依法进行处置的权利。需要注意的是,处分权作为所有权的一项权能,也是可以基于法律规定和所有人的意志而与所有权相分离的。例如,国有企业、集体企业、股份制企业等,其财产的所有权都可以依法与处分权相分离。在企业财产所有权与处分权相分离的情况下,企业可以对财产行使处分权,而对企业财产实施捐赠则是行使处分权的一种方式。因此,企业对财产实施捐赠应有适当的限制。本法第四十三条规定,国有企业实施慈善捐赠应当遵守有关国有资产管理的规定,履行批准和备案程序。(3)捐赠财产包括货币、实物、房屋、有价证券、股权、知识产权等有形和无形财产。(4)捐赠的财产应当符合一定的规范要求。第一,根据本条第二款规定,捐赠人捐赠的实物应当具有使用价值,符合安全、卫生、环保等标准。第二,本条第三款规定,捐赠人捐赠本企业产品的,应当依法承担产品质量责任和义务。我国《产品质量法》对生产者的产品质量责任和义务作了专门规定。生产者应当对其生产的产品质量负责。产品应当不存在危及人身、财产安全的不合理的危险,有保障人体健康和人身、财产安全的国家标准、行业标准的,应当符合该标准;产品应当具备产品应当具备的使用性能,但是,对产品存在使用性能的瑕疵作出说明的除外;产品应当符合在产品或者其包装上注明采用的产品标准,符合以产品说明、实物样品等方式表明的质量状况。捐赠人作为生产者,如果因其捐赠的本企业产品存在质量问题,给受益人或者其他消费者造成损失的,应当依法承担赔偿责任。如因产品存在缺陷造成受益人或者消费者人身、缺陷产品以外的其他财产损害的，捐赠人还要依据《民法典》的规定，承担产品责任，予以赔偿。

第三十七条　【通过开展经营性活动进行捐赠】自然人、法人和非法人组织开展演出、比赛、销售、拍卖等经营性活动，承诺将全部或者部分所得用于慈善目的的，应当在举办活动前与慈善组织或者其他接受捐赠的人签订捐赠协议，活动结束后按照捐赠协议履行捐赠义务，并将捐赠情况向社会公开。

条文注释

根据本条规定，自然人、法人和非法人组织开展面向公众的演出、比赛、销售、拍卖等商业经营性活动，承诺将全部或者部分所得用于慈善目的的，本法是允许的，并规定具体要求：(1)自然人、法人和非法人组织应当在开展演出、比赛、销售、拍卖等经营性活动前与相关慈善组织或者其他接受捐赠的人签订捐赠协议。捐赠协议中对捐赠款项的规定，应当与自然人、法人和非法人组织承诺捐赠的经营性活动所得一致。慈善组织应当是依照本法规定登记成立或者获得认定的社会团体、基金会、社会服务机构等非营利性组织。其他接受捐赠的人，可以是需要社会提供帮助的个人或者单位。(2)演出、比赛、销售、拍卖等经营性活动结束后，自然人、法人和非法人组织应当按照捐赠协议履行捐赠义务，向受赠人捐出全部或者部分所得。(3)自然人、法人和非法人组织应当将按照捐赠协议履行捐赠义务的情况向社会公开。公开的事项应当包括慈善目的、受赠人、此次经营活动的销售所得、承诺捐赠比例、实际捐赠比例等。

第三十八条 【捐赠票据】慈善组织接受捐赠，应当向捐赠人开具由财政部门统一监（印）制的捐赠票据。捐赠票据应当载明捐赠人、捐赠财产的种类及数量、慈善组织名称和经办人姓名、票据日期等。捐赠人匿名或者放弃接受捐赠票据的，慈善组织应当做好相关记录。

条文注释

根据本条的规定，慈善组织接受捐赠后，应当向捐赠人开具由财政部门统一监（印）制的捐赠票据。捐赠票据是指慈善组织按照自愿、无偿原则，依法接受用于慈善事业的捐赠财物时，向提供捐赠的自然人、法人和非法人组织开具的凭证。需要注意的是，开具捐赠票据应符合以下要求：第一，合法性。即开具由财政部门统一监（印）制的捐赠票据，不得开具本单位的收据，更不得打白条。第二，有效性。这是指收据应具备本法规定的全部形式要件，并经签字盖章。第三，按照自愿和无偿原则依法接受捐赠的行为，应当开具捐赠票据。根据财政部印发的《公益事业捐赠票据使用管理办法》的规定，公益性单位以捐赠名义从事营利活动或与出资人利益相关的行为，以及集资、摊派、筹资、赞助等行为，不得使用公益事业捐赠票据。

第三十九条 【书面捐赠协议】慈善组织接受捐赠，捐赠人要求签订书面捐赠协议的，慈善组织应当与捐赠人签订书面捐赠协议。

书面捐赠协议包括捐赠人和慈善组织名称，捐赠财产的种类、数量、质量、用途、交付时间等内容。

条文注释

捐赠人向慈善组织捐赠财产，与慈善组织形成合同关系，该合同属于《民法典》规定的赠与合同。根据《民法典》的规定，当事人订立合同，有书面形式、口头形式和其他形式。法律、行政法规规定采用书面形式的，应当采用书面形式。当事人约定采用书面形式的，应当采用书面形式。法律、行政法规规定或者当事人约定合同应当采用书面形式订立，当事人未采用书面形式但是一方已经履行主要义务，对方接受时，该合同成立。

本条规定的“签订书面捐赠协议”以捐赠人为核心，一旦捐赠人提出签订书面捐赠协议，慈善组织必须与其签订书面捐赠协议，这是慈善组织必须履行的一项义务。《公益事业捐赠法》也规定，捐赠人可以与受赠人就捐赠财产的种类、质量、数量和用途等内容订立捐赠协议。

第四十条　【禁止利用慈善捐赠进行违法宣传】捐赠人与慈善组织约定捐赠财产的用途和受益人时，不得指定或者变相指定捐赠人的利害关系人作为受益人。

任何组织和个人不得利用慈善捐赠违反法律规定宣传烟草制品，不得利用慈善捐赠以任何方式宣传法律禁止宣传的产品和事项。

条文注释

按照本法规定，捐赠人可以通过慈善组织捐赠，也可以直接向受益人捐赠。2023年《慈善法》修正时，将“指定”修改为“指定或者变相指定”，因此，捐赠人与慈善组织约定捐赠财产的用途和受益人时，不得指定或者变相指定捐赠人的利害关系人作为受益人。即不得与慈善组织约定或者通过变通的方式将捐赠财产用于捐赠人的利害关系人。捐赠人可以通过慈善组织捐赠,指定特定领域或范围内的主体作为受益人,但受益人不能是与捐赠人有利害关系的人,否则就背离了慈善性质。利害关系人的范围,需要根据捐赠人和受益人的具体关系确定。

本条第二款规定主要有两层含义:(1)不得利用慈善捐赠违反法律规定宣传烟草制品。这里的违反法律规定,主要指的是违反《广告法》的规定。例如,《广告法》第二十二条规定:"禁止在大众传播媒介或者公共场所、公共交通工具、户外发布烟草广告。禁止向未成年人发送任何形式的烟草广告。禁止利用其他商品或者服务的广告、公益广告,宣传烟草制品名称、商标、包装、装潢以及类似内容。烟草制品生产者或者销售者发布的迁址、更名、招聘等启事中,不得含有烟草制品名称、商标、包装、装潢以及类似内容。"(2)不得利用慈善捐赠以任何方式宣传法律禁止宣传的产品和事项。其一,禁止宣传的产品,主要包括但不限于麻醉药品、精神药品、医疗用毒性药品、放射性药品等特殊药品,药品类易制毒化学品,以及戒毒治疗的药品、医疗器械和治疗方法等。其二,法律禁止的事项,如损害国家的尊严或者利益,泄露国家秘密;妨碍社会安定,损害社会公共利益;危害人身、财产安全,泄露个人隐私;妨碍社会公共秩序或者违背社会良好风尚;含有淫秽、色情、赌博、迷信、恐怖、暴力的内容;含有民族、种族、宗教、性别歧视的内容;妨碍环境、自然资源或者文化遗产保护,等等。

第四十一条　【诺而不捐】捐赠人应当按照捐赠协议履行捐赠义务。捐赠人违反捐赠协议逾期未交付捐赠财产,有下列情形之一的,慈善组织或者其他接受捐赠的人可以要求交付;捐赠人拒不交付的,慈善组织和其他接受捐赠的人可以依法向人民法院申请支付令或者提起诉讼:

(一)捐赠人通过广播、电视、报刊、互联网等媒体公开承诺捐赠的;

(二)捐赠财产用于本法第三条第一项至第三项规定的慈善活动,并签订书面捐赠协议的。

捐赠人公开承诺捐赠或者签订书面捐赠协议后经济状况显著恶化,严重影响其生产经营或者家庭生活的,经向公开承诺捐赠地或者书面捐赠协议签订地的县级以上人民政府民政部门报告并向社会公开说明情况后,可以不再履行捐赠义务。

条文注释

慈善捐赠属于公益活动,捐赠人和受赠人达成捐赠协议的,应当根据诚信原则的要求按照捐赠协议履行相关义务。按照一般的赠与合同,捐赠人逾期未交付捐赠财产的,并不强制要求其交付财产,但根据本条的规定,如果捐赠人违反捐赠协议逾期未交付捐赠财产,有两种处理办法:一是慈善组织或者其他接受捐赠的人可以要求捐赠人交付;二是捐赠人拒不交付的,慈善组织和其他接受捐赠的人可以依法向人民法院申请支付令或者提起诉讼。

根据本法规定，强制履行上述交付捐赠财产义务的情形是：(1)捐赠人通过广播、电视、报刊、互联网等媒体公开承诺捐赠。(2)捐赠财产用于扶贫、济困、扶老、救孤、恤病、助残、优抚，救助自然灾害、事故灾难和公共卫生事件等突发事件造成的损害，并签订书面捐赠协议的。《民法典》第六百五十八条规定："赠与人在赠与财产的权利转移之前可以撤销赠与。经过公证的赠与合同或者依法不得撤销的具有救灾、扶贫、助残等公益、道德义务性质的赠与合同，不适用前款规定。"同时，本条规定了履行捐赠义务的例外情形：在捐赠人公开承诺捐赠或者签订书面捐赠协议后经济状况显著恶化，已经严重影响其生产经营或者家庭生活的。此时，经向公开承诺捐赠地或者书面捐赠协议签订地的县级以上人民政府民政部门报告并向社会公开说明情况后，可以不再履行捐赠义务。

案例指引

程某涵、乌鲁木齐市私立众志公学合同纠纷民事一审民事判决书①

裁判理由：2016年《慈善法》第三条规定："本法所称慈善活动，是指自然人、法人和其他组织以捐赠财产或者提供服务等方式，自愿开展的下列公益活动：……(四)促进教育、科学、文化、卫生、体育等事业的发展……"本案赠与款项为奖学金，赠与人众志公学是教育机构，应当适用《慈善法》的

① (2021)新0104民初5678号。

规定。2016年《慈善法》第四十一条第一款第一项规定，“捐赠人应当按照捐赠协议履行捐赠义务。捐赠人违反捐赠协议逾期未交付捐赠财产，有下列情形之一的，慈善组织或者其他接受捐赠的人可以要求交付；捐赠人拒不交付的，慈善组织和其他接受捐赠的人可以依法向人民法院申请支付令或者提起诉讼：（一）捐赠人通过广播、电视、报刊、互联网等媒体公开承诺捐赠的”。本案中，众志公学通过发布微信公章号文章的方式公开承诺给予程某涵奖学金，符合上述规定，依法不得撤销。众志公学经营情况恶化等抗辩，如前所述无证据证实，本院不予采信。因此，程某涵支付奖励款的诉请应予支持。

第四十二条　【捐赠人的知情权】捐赠人有权查询、复制其捐赠财产管理使用的有关资料，慈善组织应当及时主动向捐赠人反馈有关情况。

慈善组织违反捐赠协议约定的用途，滥用捐赠财产的，捐赠人有权要求其改正；拒不改正的，捐赠人可以向县级以上人民政府民政部门投诉、举报或者向人民法院提起诉讼。

条文注释

根据本条第一款的规定，捐赠人有权查询、复制其捐赠财产管理使用的有关资料，慈善组织应当及时主动向捐赠人反馈有关情况。这是本法赋予捐赠人的权利。慈善组织应当为捐赠人行使知情权创造条件，需要反馈相关情况的，应当及时主动向捐赠人反馈有关情况。这也是本法对慈善组织规定的一项义务。

《公益事业捐赠法》规定，受赠人与捐赠人订立了捐赠协议的，应当按照协议约定的用途使用捐赠财产，不得擅自改变捐赠财产的用途。如果确需改变用途的，应当征得捐赠人的同意。本法也规定，慈善组织开展慈善活动，应当依照法律法规和章程的规定，按照募捐方案或者捐赠协议使用捐赠财产。慈善组织确需变更募捐方案规定的捐赠财产用途的，应当报原备案的民政部门备案；确需变更捐赠协议约定的捐赠财产用途的，应当征得捐赠人同意。慈善组织履行法定程序后，可以变更捐赠协议约定的捐赠财产的用途。如果未履行法定程序即变更捐赠财产的用途，则构成滥用捐赠财产。按照本条第二款的规定，慈善组织违反捐赠协议约定的用途，滥用捐赠财产的，有以下两种处理方式：(1)捐赠人有权要求慈善组织加以改正。(2)慈善组织拒不改正的，捐赠人可以向县级以上人民政府民政部门投诉、举报或者向人民法院提起诉讼。民政部门可以对慈善组织进行警告，责令其限期改正；逾期不改正的，责令限期停止活动并进行整改。人民法院可以根据当事人的请求，依法判决慈善组织承担相应的法律责任。

第四十三条　【国有企业捐赠】国有企业实施慈善捐赠应当遵守有关国有资产管理的规定，履行批准和备案程序。

关联法规

《国务院国有资产监督管理委员会关于加强中央企业对外捐赠管理有关事项的通知》

第五章 慈善信托

第四十四条 【慈善信托的定义】本法所称慈善信托属于公益信托，是指委托人基于慈善目的，依法将其财产委托给受托人，由受托人按照委托人意愿以受托人名义进行管理和处分，开展慈善活动的行为。

条文注释

根据本法第三条的规定，慈善活动是指自然人、法人和非法人组织以捐赠财产或者提供服务等方式，自愿开展的扶贫、济困，扶老、救孤、恤病、助残、优抚，救助自然灾害、事故灾难和公共卫生事件等突发事件造成的损害，促进教育、科学、文化、卫生、体育等事业的发展，防治污染和其他公害及保护和改善生态环境等公益活动。根据《信托法》第六十条的规定，为了救济贫困，救助灾民，扶助残疾人，发展教育、科技、文化、艺术、体育、医疗卫生事业，发展环境保护事业和其他社会公益事业等公共利益目的之一而设立的信托，属于公益信托。本条规定慈善信托属于公益信托，明确了《慈善法》与《信托法》的关系。

根据《信托法》第二条的规定，信托是指委托人基于对受托人的信任，将其财产权委托给受托人，由受托人按委托人的意愿以自己的名义，为受益人的利益或者特定目的，进行管理或者处分的行为。慈善信托与一般信托的主要区别在于，委托人设立慈善信托须是基于慈善目的，受托人须利用信托财产开展慈善活动。慈善信托的受益人是非特定的，信托文件仅载明受益人的资格条件,由受托人根据所确定的条件选择确定,而不是委托人在信托文件中具体指定的。

慈善信托的财产来自委托人,该信托财产须是委托人合法所有的财产。慈善信托设立后,受托人必须按照委托人的意愿开展相关活动。同时,受托人以自己的名义对信托财产进行管理、使用或处分,开展慈善活动。

第四十五条　【信托文件及其备案】设立慈善信托、确定受托人和监察人,应当采取书面形式。受托人应当在慈善信托文件签订之日起七日内,将相关文件向受托人所在地县级以上人民政府民政部门备案。

未按照前款规定将相关文件报民政部门备案的,不享受税收优惠。

条文注释

根据《信托法》的规定,书面形式包括信托合同、遗嘱或者法律、行政法规规定的其他书面文件等。所谓法律、行政法规规定的其他书面文件等,是指协议书、信件和数据电文(包括电传、传真、电子邮件等)等可以有形表现所载内容的形式。根据《信托法》第九条的规定,设立信托,其书面文件应当载明下列事项:(1)信托目的;(2)委托人、受托人的姓名或者名称、住所;(3)受益人或者受益人范围;(4)信托财产的范围、种类及状况;(5)受益人取得信托利益的形式、方法。还可以载明信托期限、信托财产的管理方法、受托人的报酬、新受托人的选任方式、信托终止事由等事项。

《信托法》第六十二条规定,公益信托的设立应当经有关公益事业的管理机构(以下简称公益事业管理机构)批准。

但同时,《慈善法》规定慈善信托向受托人所在地县级以上人民政府民政部门备案即可。《慈善法》实际上降低了慈善信托的设立门槛和成本。慈善信托备案期限为信托文件签订之日起7日内,备案机关为受托人所在地县级以上人民政府民政部门。

第四十六条　【确定受益人】慈善信托的委托人不得指定或者变相指定其利害关系人作为受益人。

慈善信托的受托人确定受益人,应当坚持公开、公平、公正的原则,不得指定或者变相指定受托人及其工作人员的利害关系人作为受益人。

条文注释

本条为2023年修正《慈善法》时新增的内容,对受益人如何确定作出明确要求,强调不得指定或者变相指定慈善信托的委托人的利害关系人、受托人及其工作人员的利害关系人作为受益人。

第四十七条　【确定受托人】慈善信托的受托人,可以由委托人确定其信赖的慈善组织或者信托公司担任。

条文注释

《信托法》第二十四条规定,受托人应当是具有完全民事行为能力的自然人、法人。法律、行政法规对受托人的条件另有规定的,从其规定。《慈善法》在本条规定慈善组织或者信托公司可以担任慈善信托的受托人。慈善组织可以采取基金会、社会团体、社会服务机构等组织形式。信托公司是指依照《公司法》和《信托公司管理办法》设立的主要经营信托业务的金融机构。一般情况下,信托公司从事的信托活动是营利性活动,但其作为慈善信托受托人,利用慈善财产开展的为非营利性活动。

第四十八条 【受托人的变更及备案】慈善信托的受托人违反信托义务或者难以履行职责的,委托人可以变更受托人。变更后的受托人应当自变更之日起七日内,将变更情况报原备案的民政部门重新备案。

条文注释

根据本条规定,需要变更受托人的情形主要包括:(1)受托人违反信托义务。《信托法》对受托人的信托义务作了规定,即受托人应当遵守信托文件的规定,为受益人的最大利益处理信托事务;受托人管理信托财产,必须恪尽职守,履行诚实、信用、谨慎、有效管理的义务。本法第四十九条规定,慈善信托的受托人管理和处分信托财产,应当按照信托目的,恪尽职守,履行诚信、谨慎管理的义务。受托人违反信托义务的,委托人可以变更受托人。(2)受托人难以履行职责。如受托人因被依法解散、撤销或被宣告破产等原因难以履行职责,为确保慈善信托正常运行,需要更换受托人。

《信托法》第六十八条规定,公益信托的受托人违反信托义务或者无能力履行其职责的,由公益事业管理机构变更受托人。考虑到慈善信托是委托人将自己的财产用于慈善活动,慈善信托相关事项确需变更的,应当尊重委托人的意思,《慈善法》规定委托人可以变更受托人。

第四十九条　【受托人的义务】慈善信托的受托人管理和处分信托财产，应当按照信托目的，恪尽职守，履行诚信、谨慎管理的义务。

慈善信托的受托人应当根据信托文件和委托人的要求，及时向委托人报告信托事务处理情况、信托财产管理使用情况。慈善信托的受托人应当每年至少一次将信托事务处理情况及财务状况向办理其备案的民政部门报告，并向社会公开。

条文注释

慈善信托设立后，受托人按照信托文件的要求以自己名义管理信托财产，为规范受托人管理信托财产的行为，本条规定了受托人管理和处分信托财产的义务：(1)应当按照信托目的管理和处分信托财产。慈善目的是慈善信托的宗旨，信托人应严格按照信托文件规定的慈善目的管理和处分信托财产。(2)应当恪尽职守，履行诚信、谨慎管理的义务。信托文件对受托人的职责有明确规定的，受托人应严格按照该规定履行职责。在履行职责过程中，应当遵守诚信原则，谨慎管理信托财产。《信托法》对受托人的信托义务作了规定，包括：受托人应当遵守信托文件的规定，为受益人的最大利益处理信托事务。受托人管理信托财产，必须恪尽职守，履行诚实、信用、谨慎、有效管理的义务。受托人不得将信托财产转为其固有财产。受托人不得将其固有财产与信托财产进行交易或者将不同委托人的信托财产进行相互交易，但信托文件另有规定或者经委托人或者受益人同意，并以公平的市场价格进行交易的除外。受托人必须将信托财产与其固有财产分别管理、分别记账，并将不同委托人的信托财产分别管理、分别记账。受托人应当自己处理信托事务，但信托文件另有规定或者有不得已事由的，可以委托他人代为处理。

本条还规定了委托人的知情权。《信托法》规定，受托人应当每年定期将信托财产的管理运用、处分及收支情况，报告委托人和受益人。《慈善法》规定，慈善信托的受托人应当根据信托文件和委托人的要求，及时向委托人报告信托事务处理情况、信托财产管理使用情况。

第五十条　【信托监察人】慈善信托的委托人根据需要，可以确定信托监察人。

信托监察人对受托人的行为进行监督，依法维护委托人和受益人的权益。信托监察人发现受托人违反信托义务或者难以履行职责的，应当向委托人报告，并有权以自己的名义向人民法院提起诉讼。

条文注释

《信托法》第六十四条规定："公益信托应当设置信托监察人。信托监察人由信托文件规定。信托文件未规定的，由公益事业管理机构指定。"因此，《信托法》规定的原则是委托人在设立公益信托时，如果决定自己选任信托监察人，就应当在信托文件中作出规定。如果在信托文件中未规定信托监察人，依照《信托法》第六十四条规定，由公益事业管理机构指定。

《慈善法》第四十七条规定，"慈善信托的受托人，可以由委托人确定其信赖的慈善组织或者信托公司担任"。由此可见,在慈善信托的受托人方面,《慈善法》的规定比《信托法》关于公益信托受托人的规定更为严格。因此,《慈善法》规定慈善信托的委托人根据需要可以确定信托监察人。另外,根据本法第四十五条的规定,设立慈善信托监察人也必须采取书面形式。

本法对慈善信托监察人的权利和义务作了明确规定。首先,信托监察人的职责是维护委托人和受益人的权益,应当依法对受托人的行为进行监督。其次,信托监察人发现受托人违反信托义务或者难以履行职责的,应当向委托人报告,并有权以自己的名义向人民法院提起诉讼。这里的信托监察人起诉权的具体含义是:(1)信托监察人行使起诉权时是以监察人自己的名义进行,信托监察人是一个独立的法律主体。(2)信托监察人行使起诉权的目的是维护委托人和受益人的利益,在向法院提起诉讼前应当向委托人报告。(3)信托监察人行使起诉权的前提条件是发现受托人违反信托义务或者难以履行职责。

第五十一条　【法律适用】慈善信托的设立、信托财产的管理、信托当事人、信托的终止和清算等事项,本章未规定的,适用本法其他有关规定;本法未规定的,适用《中华人民共和国信托法》的有关规定。

条文注释

《慈善法》对慈善信托作了专章规定,与《信托法》中的公益信托相比作了很多灵活的规定。根据本法第四十四条的规定,慈善信托属于公益信托。因此,《信托法》有关公益信托的规定适用于慈善信托。对于上述两法规定不完全一致的条款,慈善信托在法律适用上面临前法与后法的关系处理问题。按照《立法法》关于上位法优于下位法、特别法优于一般法、新法优于旧法的原则,新的规定与旧的规定不一致的,适用新的规定。由于《信托法》出台在前,《慈善法》出台在后,因此,对于《信托法》与《慈善法》规定不一致的地方,慈善信托应当适用《慈善法》的规定。《慈善法》"慈善信托"一章主要对慈善信托的定义、备案、受托人的资格和职责、信托监察人的选任和职责等作了规定。对于在"慈善信托"一章未作规定的事项,要适用《慈善法》的其他有关规定。本章和本法的其他章节也未作规定的,则适用《信托法》的相关规定。

第六章　慈善财产

第五十二条　【财产的范围】慈善组织的财产包括:
(一)发起人捐赠、资助的创始财产;
(二)募集的财产;
(三)其他合法财产。

条文注释

根据本条规定,慈善组织的财产包括以下三个方面:(1)发起人捐赠、资助的财产。即通常所说的创始财产,是指设立慈善组织的必要财产。按照本法规定,慈善组织应当符合的条件中包含"有必要的财产"一项。(2)募集的财产。这主要是指慈善组织成立后,所接受的自然人、法人和非法人组织基于慈善目的,自愿、无偿赠与的财产,以及慈善组织通过募捐的方式取得的财产。按照本法规定,募集财产分为两种方式:一种是面向社会公众的公开募捐;另一种是面向特定对象的定向募捐。开展公开募捐,可以采取下列方式:一是在公共场所设置募捐箱;二是举办面向社会公众的义演、义赛、义卖、义展、义拍、慈善晚会等;三是通过广播、电视、报刊、互联网等媒体发布募捐信息;四是其他公开募捐方式。开展定向募捐,应当在发起人、理事会成员和会员等特定对象的范围内进行。(3)其他合法财产。如接受政府购买服务获得的收入,这是指将原来由政府直接提供的、为社会公共服务的事项交给有资质的社会组织或市场机构来完成,并根据社会组织或市场机构提供服务的数量和质量,按照一定的标准进行评估后支付服务费用。又如经营性收入。按照本法规定,慈善组织为实现财产保值、增值进行投资的,应当遵循合法、安全、有效的原则。一般而言,经营性收入主要包括以下几个方面:一是因慈善财产的保值、增值所进行的投资取得的收入;二是将慈善财产存入金融机构取得的利息收入;三是因提供慈善服务,而向服务对象收取一定的费用,等等。

理解本条还需要注意的是,无论何种方式取得的慈善财产,其合法性是非常重要的。慈善财产的合法性,包括以下两个方面的内容:(1)取得方式具有合法性。即慈善组织应当通过合法的方式取得慈善财产。例如,按照本法规定,只有取得公开募捐资格的慈善组织才可以面向社会公众开展公开募捐。可以采取在公共场所设置募捐箱、举办面向社会公众的义演等,以及通过互联网等媒体发布募捐信息等方式。取得公开募捐资格的慈善组织通过以上方式募集的财产,就是通过合法方式取得的财产。再如,慈善组织进行投资,不得违反法律法规的规定,如果是违反有关法律法规的规定取得的收入,就不是合法取得的财产。(2)财产本身必须是合法的。按照本法规定,捐赠人捐赠的财产应当是其有权处分的合法财产。即捐赠人不能将非法获取的财产进行捐赠。如以贪污、受贿、盗窃等违法犯罪手段取得的财产不能进行捐赠。

第五十三条 【财产的用途】慈善组织的财产应当根据章程和捐赠协议的规定全部用于慈善目的,不得在发起人、捐赠人以及慈善组织成员中分配。

任何组织和个人不得私分、挪用、截留或者侵占慈善财产。

条文注释

根据本条规定,使用慈善财产应当遵循以下规则:(1)慈善组织使用慈善财产应当根据章程的规定使用。(2)慈善财产应当按照捐赠协议使用。按照本法规定,慈善组织接受捐赠,捐赠人要求签订书面捐赠协议的,慈善组织应当与捐赠人签订书面捐赠协议。书面捐赠协议包括捐赠财产的用途等事项。慈善组织确需变更捐赠协议约定的捐赠财产用途的,应当征得捐赠人同意。如果慈善组织违反捐赠协议约定的用途,滥用捐赠财产的,捐赠人有权要求其改正;拒不改正的,捐赠人可以向县级以上人民政府民政部门投诉、举报或者向人民法院提起诉讼。(3)慈善财产应当全部用于慈善目的。具体来讲,就是慈善组织将慈善财产以再次捐赠的方式,或者提供服务的方式,用于本法第三条规定的扶贫、济困,扶老、救孤、恤病、助残、优抚,救助自然灾害、事故灾难和公共卫生事件等突发事件造成的损害,以及促进教育、科学、文化、卫生、体育等事业的发展,环境保护等领域。(4)慈善组织的财产不得在发起人、捐赠人以及慈善组织成员中分配。不得分配的财产具体有:一是慈善组织存续期间的慈善财产,包括因投资取得的收益等财产不得进行分配。二是慈善组织清算后剩余财产的处理。三是按照本法规定,慈善项目终止后捐赠财产有剩余的,按照募捐方案或者捐赠协议处理;募捐方案未规定或者捐赠协议未约定的,慈善组织应当将剩余财产用于目的相同或者相近的其他慈善项目。(5)不得私分、挪用、截留或者侵占慈善财产。私分,主要是指由单位负责人决定,或者单位的决策机构集体讨论决定,以单位名义将慈善财产私分给单位的所有职工。挪用,主要是指利用职务上的便利,挪用慈善财产归个人使用或者借贷给他人,数额较大、超过三个月未还,或者虽未超过三个月,但数额较大、进行营利活动,或者进行非法活动的行为。截留,主要是指在办理慈善财产过程中,扣留了慈善财产,未进行入账,影响了慈善财产的使用,或者违反与受益人的协议,不按照规定时限向受益人进行资助或提供服务等行为。侵占,主要是指以非法占有为目的,将慈善财产占为己有,数额较大,拒不交还的行为。

第五十四条 【财产的管理】慈善组织对募集的财产,应当登记造册,严格管理,专款专用。

捐赠人捐赠的实物不易储存、运输或者难以直接用于慈善目的的,慈善组织可以依法拍卖或者变卖,所得收入扣除必要费用后,应当全部用于慈善目的。

条文注释

本条第一款所称严格管理，就是要按照既定的制度或标准要求认真仔细地加以管束或从严负责落实。专款专用，是指对指定用途的资金，应按规定的用途使用，并单独反映。这项原则是事业单位会计特有的一条准则。《事业单位财务规则》第二十四条规定，事业单位从财政部门和主管部门取得的有指定项目和用途的专项资金，应当专款专用、单独核算，并按照规定报送专项资金使用情况的报告，接受财政部门或者主管部门的检查、验收。慈善财产的捐赠者对其所捐赠的财产不要求取得资本收益和资本回收，但有按预定用途使用的要求。所以慈善财产必须按规定的用途使用，不得挪作他用。

按照本条第二款的规定，本法赋予了慈善组织一定的处置权，包括拍卖和变卖。拍卖，是指以公开竞价的方式，将特定的物品或财产权利转让给最高应价者的买卖方式。变卖，是指以出卖物品的方式换取现金。这也是处理慈善财产的一种方式。对于拍卖或者变卖所得收入扣除必要费用后，应当全部用于慈善目的，不得挪作他用。这里讲的必要费用，主要指采取拍卖或者变卖的方式，必然产生的一些费用，如进行拍卖，要付给拍卖人一定比例的佣金等。拍卖和变卖的费用应当是合理和必要的，不能在拍卖或者变卖环节使慈善财产遭受不必要的损害。

第五十五条　【财产的保值增值】慈善组织为实现财产保值、增值进行投资的，应当遵循合法、安全、有效的原则，投资取得的收益应当全部用于慈善目的。慈善组织的重大投资方案应当经决策机构组成人员三分之二以上同意。政府资助的财产和捐赠协议约定不得投资的财产，不得用于投资。慈善组织的负责人和工作人员不得在慈善组织投资的企业兼职或者领取报酬。

前款规定事项的具体办法，由国务院民政部门制定。

条文注释

本条对慈善组织进行的投资行为，作了原则性、开放性的规定，规定了须遵循的原则，即合法、安全、有效的原则。具体而言：(1)合法性原则。这是指慈善组织为保值增值进行的投资活动必须符合法律法规的规定，包括投资的财产、投资的领域、方式和决策程序都必须符合法律法规的规定。(2)安全性原则。安全性原则要求保证投资本金的可收回性，尽可能避免在投资中遭受损失。(3)有效性原则。这是指慈善组织应积极实现捐赠财产保值增值。有效性原则首先体现在目的的有效性上，即要达到保值增值的目的，以最小的投入实现最大的产出；其次体现在方式的有效性上，即采用合理的方式实现保值增值的目的。不得采取明显不能使慈善财产增值的方式进行投资，要在合法、安全的前提下选择收益最高的投资方式。(4)投资收益的使用。慈善组织通过投资取得的收益，应当全部用于慈善目的，不得返还给捐赠人，也不得在内部成员中进行分配，不得挪作他用，否则，就违背了慈善宗旨。

按照本条规定，慈善组织的重大投资方案应当经决策机构组成人员三分之二以上同意。重大投资方案，主要是指对慈善组织具有重大影响的投资活动。这里的“重大”，本法并未明确界定,具体哪些投资属于重大投资,可由各慈善组织的章程规定。这里的决策机构,因各类慈善组织的形式不同、内部治理结构不同,决策机构也有所不同。

根据本条规定,还应注意两个限制要求:(1)虽然本法规定慈善组织对慈善财产要进行保值增值,并可以进行投资,但是并不是说所有的慈善财产都可以用来投资,本条规定限定了可用于投资的财产类型。即政府资助的财产和捐赠协议约定不得投资的财产,不得用于投资。(2)本条还规定了慈善组织的负责人和工作人员不得在慈善组织投资的企业兼职或者取酬。还应注意,本条规定限定的是不得在慈善组织投资的企业兼职,至于在其他企业能否兼职,本法未作限制。

案例指引

广州市增城区康伯公公益协会、梁某有等民间借贷纠纷民事一审民事判决书①

裁判理由:2016年《慈善法》第八条规定:"本法所称慈善组织,是指依法成立、符合本法规定,以面向社会开展慈善活动为宗旨的非营利性组织。慈善组织可以采取基金会、社会团体、社会服务机构等组织形式。"第五十四条规定:"慈善组织为实现财产保值、增值进行投资的,应当遵循合法、安全、有效的原则,投资取得的收益应当全部用于慈善目的。慈善组织的重大投资方案应当经决策机构组成人员三分之二以上同意。政府资助的财产

① (2022)粤0118民初11411号。

和捐赠协议约定不得投资的财产,不得用于投资。慈善组织的负责人和工作人员不得在慈善组织投资的企业兼职或者领取报酬。前款规定事项的具体办法,由国务院民政部门制定。”根据民政部印发的《关于规范基金会行为的若干规定(试行)》规定:“基金会不得向个人、企业直接提供与公益活动无关的借款。”康伯公公益协会是符合《慈善法》规定的社会团体,应适用该法调整。康伯公公益协会使用其财产不得违反该法第五十四条合法、安全、有效的原则,结合民政部印发的《关于规范基金会行为的若干规定(试行)》关于不得对外直接提供与公益活动无关的借款的规定,本案中康伯公公益协会向梁某有、温某琴提供借款并非用于公益活动的目的,因此违反上述法律强制性规定。根据《最高人民法院关于审理民间借贷案件适用法律若干问题的规定》第十三条规定,具有下列情形之一的,人民法院应当认定民间借贷合同无效:“违反法律、行政法规强制性规定的”,故本案中双方的民间借贷合同无效。梁某有、温某琴因无效的借贷合同取得上述2笔资金共计700万元应返还给康伯公公益协会。

第五十六条　【捐赠财产用途的变更】慈善组织开展慈善活动,应当依照法律法规和章程的规定,按照募捐方案或者捐赠协议使用捐赠财产。慈善组织确需变更募捐方案规定的捐赠财产用途的,应当报原备案的民政部门备案；确需变更捐赠协议约定的捐赠财产用途的，应当征得捐赠人同意。

条文注释

2023年《慈善法》修改时，将本条中的“报民政部门备案”修改为“报原备案的民政部门备案”。

根据本条的规定，慈善组织对于捐赠财产应当按照以下原则来使用：(1)按照募捐方案使用。根据本法第二十四条规定，开展公开募捐，应当制定募捐方案。募捐方案包括募捐目的、起止时间和地域、活动负责人姓名和办公地址、接受捐赠方式、银行账户、受益人、募得款物用途、募捐成本、剩余财产的处理等。募捐方案应当在开展募捐活动前报慈善组织登记的民政部门备案。(2)按照捐赠协议使用捐赠财产。根据本法规定，慈善组织接受捐赠，捐赠人要求签订书面捐赠协议的，慈善组织应当与捐赠人签订书面捐赠协议。书面捐赠协议包括捐赠人和慈善组织名称，捐赠财产的种类、数量、质量、用途、交付时间等内容。捐赠人应当按照捐赠协议履行捐赠义务。捐赠协议是捐赠人和慈善组织之间权利义务的约定，其中捐赠协议中规定的捐赠财产的用途是捐赠协议中的重要内容。慈善组织履行慈善协议时，发生了确需变更捐赠协议约定的捐赠财产用时，慈善组织不得擅自变更，必须征得捐赠人的同意。

第五十七条　【慈善项目管理】慈善组织应当合理设计慈善项目，优化实施流程，降低运行成本，提高慈善财产使用效益。

慈善组织应当建立项目管理制度,对项目实施情况进行跟踪监督。

条文注释

根据本条规定,慈善组织应当从以下几个方面加强对慈善项目的管理:(1)慈善项目的设计要合理。(2)慈善项目的流程要优化。慈善项目管理常规流程可按周期分为以下几个阶段:一是具体项目的设计和立项审批;二是资金拨付;三是项目实施与监测;四是项目的完成。对于慈善组织来说,慈善项目的流程要进行优化,特别是要对一般情况的慈善项目和紧急救灾慈善项目的流程作出不同的规定,对于后者的项目流程可以减少内部的审批环节,尽可能简化、便捷,保障慈善项目及时、顺利实施,充分保障紧急情况下对慈善财产的需求,同时也要防止程序方面出现漏洞,造成捐赠财产的违规使用。(3)慈善项目的运行成本要降低。慈善组织应当积极开展慈善活动,充分、高效运用慈善财产,并遵循管理费用、募捐成本等最必要原则,厉行节约,减少不必要的开支,尽可能地减少运行成本。(4)慈善财产的使用效益要提高。(5)慈善组织还应当建立项目管理制度,对项目实施情况进行跟踪监督。对项目实施全过程监管,不仅要在资金拨付之前做好项目的调查研究工作,并且要在资金拨付之后采取必要的方式对项目的开展情况进行事中事后监督,如电话回访、实地考察、第三方评估等,发现项目进度及资金使用方面存在重大问题的应当及时进行调整,对于仍然存在的问题慈善组织有权改变预算资金的金额,缓拨或停拨下期的项目资助款。对于项目合作机构在申报、管理和实施过程中,存在弄虚作假、截留、挪用、挤占项目资金等违反法律的行为，慈善组织可以依据协议的规定中止慈善项目，依法追究合作机构的法律责任，从而确保慈善财产真正用于最终受益人。

第五十八条 【剩余捐赠财产的处理】慈善项目终止后捐赠财产有剩余的，按照募捐方案或者捐赠协议处理；募捐方案未规定或者捐赠协议未约定的，慈善组织应当将剩余财产用于目的相同或者相近的其他慈善项目，并向社会公开。

条文注释

慈善项目终止后捐赠财产有剩余的，这些剩余财产不能收为国有，也不能由政府部门替慈善组织进行处理。慈善组织可以对剩余财产进行处置，但是，其处置权要依照以下规定来行使：(1)要尊重当事人的意愿。募捐方案中一般会明确规定剩余财产的处理方式，捐赠人进行捐赠实际上是认可了募捐方案中有关剩余财产的处理办法。通过捐赠协议进行捐赠的，协议中明确剩余财产的处理办法的，应当按照协议来处理剩余财产。无论是按照募捐方案还是捐赠协议来处理剩余财产，都体现了充分尊重捐赠人意愿的立法精神。需要注意的是，募捐方案和捐赠协议在约定剩余财产的处理时也应该遵守“近似原则”，而不能有任何返还捐赠人和违背慈善宗旨的约定。(2)按照“近似原则”来处理，将剩余财产用于目的相同或者相近的其他慈善项目。对于将剩余财产用于目的相同或者相近的其他慈善项目的，慈善组织必须向社会公开，接受主管部门和社会各方面的监督，以保证剩余财产的使用符合法律的规定。通过社会监督防止慈善组织未将剩余财产用于募捐方案或者捐赠协议约定的近似目的。社会公众通过慈善组织公开的信息,发现慈善组织未将剩余财产用于募捐方案或者捐赠协议约定的近似目的的,可以向民政部门、其他有关部门或者慈善行业组织投诉、举报。

第五十九条 【慈善组织确定受益人】慈善组织确定慈善受益人,应当坚持公开、公平、公正的原则,不得指定或者变相指定慈善组织管理人员的利害关系人作为受益人。

条文注释

慈善受益人是指基于慈善捐赠行为而获得利益的人。受益人可以是特定的个人,也可以是一类群体或者单位。根据本法第四十条的规定,捐赠人与慈善组织约定捐赠财产的用途和受益人时,不得指定或者变相指定捐赠人的利害关系人作为受益人。2023 年修正《慈善法》时,将本条中的“指定”修改为了“指定或者变相指定”。慈善组织接受了捐赠财产后,同样不得指定或者变相指定慈善组织管理人员的利害关系人为受益人,而应当通过公开的程序确定慈善受益人。同时,应当以公开、公平、公正的原则进行。公开是指慈善组织确定受益人的程序要有透明度,不能“暗箱操作”,受益人的信息要依法向社会公开,接受社会监督。公平是要求慈善组织和受益人应当合理确定双方的权利和义务,任何一方不得享有特权,或者给一方强加不合理的义务。公正是要求慈善组织要维护受益人的合法权益,不能保护受益人中的一方,而损害另一方。

本条规定中的“慈善组织管理人员”主要包括慈善组织

的理事长、副理事长、秘书长以及项目的负责人等，这些人员属于慈善组织的负责人员或者负责具体项目的人员，他们可以参与慈善项目的选择和决策，或者负责具体项目的实施。至于哪些人属于慈善组织管理人员的“利害关系人”，我国现行的法律没有对“利害关系人”作出明确的界定，一般应当包括慈善组织管理人员的家庭成员，如父母、子女、兄弟姐妹、祖父母、外祖父母、孙子女，外孙子女和其他具有血亲和姻亲关系的人，以及慈善组织的发起人、主要捐赠人、慈善组织管理人员主要来源单位、慈善组织对外投资的被投资方、正在与慈善组织管理人员发生重大交易的交易方以及一切与慈善组织管理人员存在重大利益关联或会对慈善组织的管理人员产生重大影响的个人和组织。

第六十条　【慈善资助协议】慈善组织根据需要可以与受益人签订协议，明确双方权利义务，约定慈善财产的用途、数额和使用方式等内容。

受益人应当珍惜慈善资助，按照协议使用慈善财产。受益人未按照协议使用慈善财产或者有其他严重违反协议情形的，慈善组织有权要求其改正；受益人拒不改正的，慈善组织有权解除协议并要求受益人返还财产。

条文注释

本条所称协议，等同于《民法典》中所指的合同，是平等的当事人之间设立、变更、终止民事权利义务关系的文件。协议作为一种民事法律行为，是当事人协商一致的产物，是当事人意思表示相一致的协议。只有当事人所作出的意思表示合法，协议才具有法律约束力。慈善组织作为慈善财产的管理者和使用者，负有监督慈善财产按照慈善宗旨和捐赠目的使用的义务。当慈善组织将慈善财产资助给受益人时，为了确保慈善财产的安全，慈善组织应当根据需要与受益人签订协议，其目的在于明确当事人双方的权利义务，约定慈善财产的用途、数额和使用方式等内容。通过签订协议的方式，一方面，要求慈善组织按照协议提供承诺数额的资金，以约定的方式资助受益人；另一方面，要求受益人收到资助后，应当按照协议约定的方式用于指定用途。按照《民法典》的要求，结合慈善行为的自身特点，慈善组织与受益人签订的协议内容应当至少包括当事人的名称或者姓名和住所、资助标的，资助金额或数量，履行期限、地点和方式，违约责任，解决争议的方法。

《民法典》规定，当事人一方不履行合同义务或者履行合同义务不符合约定的，应当承担继续履行、采取补救措施或者赔偿损失等违约责任。慈善组织作为资助人，有权对资助财产的使用是否合乎资助的目的、符合资助协议等情况进行监督。在监督中，如果发现受益人未按照协议使用慈善财产或者有其他严重违反协议情形，慈善组织有权要求其改正；受益人拒不改正的，慈善组织有权解除协议并要求受益人返还财产。此外，如果受益人是因为不可抗力导致不能履行协议，根据不可抗力的影响，可以部分或者全部免除责任，但法律另有规定的除外。受益人延迟履行后发生不可抗力的，不能免除责任。

理解本条还应注意一个问题，即慈善组织是否与受益人签订协议，是慈善组织根据需要来决定的，本法并不作强制性规定。有的情况下，慈善组织虽然没有与受益人直接签订书面协议，但是慈善组织制定的慈善项目的管理制度、公告等中载明了受益人的义务，并向受益人进行了告知的，受益人在接受了慈善组织资助后就与慈善组织建立了合同关系，也属于对有关义务进行了约定。

第六十一条　【慈善活动支出和管理费用】慈善组织应当积极开展慈善活动，遵循管理费用、募捐成本等最必要原则，厉行节约，减少不必要的开支，充分、高效运用慈善财产。具有公开募捐资格的基金会开展慈善活动的年度支出，不得低于上一年总收入的百分之七十或者前三年收入平均数额的百分之七十；年度管理费用不得超过当年总支出的百分之十；特殊情况下，年度支出和管理费用难以符合前述规定的，应当报告办理其登记的民政部门并向社会公开说明情况。

慈善组织开展慈善活动的年度支出、管理费用和募捐成本的标准由国务院民政部门会同财政、税务等部门制定。

捐赠协议对单项捐赠财产的慈善活动支出和管理费用有约定的，按照其约定。

慈善信托的年度支出和管理费用标准，由国务院民政部门会同财政、税务和金融监督管理等部门制定。

条文注释

本条规定的慈善组织的慈善活动支出包括以下两部分：一是慈善组织拨付（包括委托其他组织拨付）给受益人的资金和物资。二是与开展慈善活动直接相关的支出，可以包括:为向受益人提供物资和服务发生的采购费用;开展慈善活动人员的报酬,参加慈善活动的志愿者保险费,交通、午餐补贴,培训等费用;为立项、执行、监督和评估慈善活动发生的差旅费、交通费、通讯费、会议费、培训费、评估费;为宣传、推广慈善活动发生的业务活动招待费、广告费,以及因活动需要购置、租赁或借用房屋、设备所发生的租赁费、折旧费、修理费、办公费、水电费、邮电费、物业管理费等。

在计算慈善活动年度支出比例时,本法为慈善组织提供了两种衡量标准:一种衡量标准为具有公开募捐资格的基金会开展慈善活动的年度支出,不得低于上一年总收入的百分之七十;另一种衡量标准为具有公开募捐资格的基金会开展慈善活动的年度支出不得低于前三年收入平均数额的百分之七十。两个标准是或者的关系,即慈善组织只需要满足其中一种即可。

本条规定的慈善组织的管理费用,则是指为组织和管理其业务活动所发生的各项费用。包括权力机构经费和行政管理人员的工资、奖金、住房公积金、住房补贴、社会保障费、离退休人员工资与补助、福利费以及办公费、水电费、邮电费、物业管理费、差旅费、折旧费、修理费、租赁费、无形资产摊销费、资产盘亏损失、资产减值损失、因预计负债所产生的损失、聘请中介机构费和应偿还的受赠资产等。

“募捐成本”最必要原则是2023年《慈善法》修正时新增的内容。慈善组织开展慈善活动的募捐成本的标准由国务院民政部门会同财政、税务等部门制定。

年度管理费用的列支标准,不得超过当年总支出的百分之十。但是,本法也规定,特殊情况下,年度支出和管理费用难以符合前述规定的，应当报告办理其登记的民政部门并向社会公开说明情况。这里所提到的“特殊情况”，主要包括以下两类情形：(1)对于第一年新成立的慈善组织，由于成立之初一般都会发生一次性较大的管理费用，而同时又因为新成立尚不具备条件全面开展慈善项目，所以导致当年的总支出中基本都是管理费用。(2)慈善组织年度管理费用超标是因为某些不可抗力，导致慈善组织的折旧费、无形资产摊销费、资产盘亏损失、资产减值损失、因预计负债所产生的损失突发性增长造成的，等等。

理解本条还应注意的是，本条第三款规定，捐赠协议对单项捐赠财产的慈善活动支出和管理费用有约定的，按照其约定。该单笔捐赠协议规定的慈善活动支出和管理费用标准与慈善活动年度支出和管理费用标准是两个不同层面的标准。本法赋予捐赠协议自由决定权的前提，是慈善组织的慈善活动年度支出和管理费用不得超过法定标准。

第七章　慈善服务

第六十二条　【慈善服务的定义】本法所称慈善服务，是指慈善组织和其他组织以及个人基于慈善目的，向社会或者他人提供的志愿无偿服务以及其他非营利服务。

慈善组织开展慈善服务，可以自己提供或者招募志愿者提供，也可以委托有服务专长的其他组织提供。

条文注释

本法所称慈善服务，是指慈善组织和其他组织以及个人基于慈善目的，向社会或者他人提供的志愿无偿服务以及其他非营利服务。这一概念主要包括以下三方面的内容：(1)慈善服务的提供主体有两个：一是慈善组织，二是其他组织和个人。(2)慈善服务具有公益性。这是其首要特征。按照本条规定，慈善服务的提供对象是“社会或者他人”，也就是说，《慈善法》意义上的慈善服务，不以特定私人利益作为组织目的，不得兼顾私利。对于慈善组织而言，慈善服务是指慈善组织募集慈善资源后使用慈善资源服务于社会或受益人的活动。对其他组织和个人而言，慈善服务是指某个组织或个人直接利用自身的资源或时间、智力、体力、技能等，服务于社会或受益人的活动。因此，慈善服务的范围非常广泛，具体包括以扶老、助残、恤幼、济困、救灾等形式对困难群体和个人的帮助，以及对教育、科学、文化、卫生、体育、环境保护等事业发展的促进等。慈善组织、其他组织和个人提供的慈善服务，其实也是在上述领域内开展的各种公益性服务。(3)慈善服务具有非营利特征。这体现在慈善服务的形式包括两类：一是志愿无偿服务，二是其他非营利服务。

根据本条第二款规定，慈善组织开展慈善服务，具体可以分为三种模式：(1)自己提供。慈善组织自身具有相应能力和资质的，或者具有专门的队伍，可以开展与其宗旨和章程相适应的慈善服务。(2)通过志愿者提供。有的慈善组织募集资金的能力很强，但是本身并不拥有专门的队伍，在开展慈善活动过程中，可能需要招募志愿者来提供慈善服务。(3)委托有服务专长的其他组织提供。一些慈善组织在募集资金和调动慈善资源方面较有优势，在开展专业的慈善服务时，可以委托有服务专长的其他组织提供。

第六十三条 【受益人、志愿者的人格尊严和隐私保护】开展慈善服务，应当尊重受益人、志愿者的人格尊严，不得侵害受益人、志愿者的隐私。

条文注释

慈善服务主要涉及三个方面的主体：一是慈善服务的提供者，主要包括慈善组织、其他组织或者个人；二是志愿者；三是受益人。在慈善服务过程中，慈善服务提供者、志愿者与受益人之间是平等的关系，应当相互尊重。慈善组织和其他组织在招募志愿者开展慈善服务过程中，不能把志愿者视为“免费劳动力”，而是要充分尊重他们的服务和贡献。

慈善组织和其他组织在招募、组织志愿者开展慈善服务时，会对志愿者进行实名登记，因此会掌握和了解志愿者的一些具体情况；也会在开展慈善服务过程中，了解、接触到受益人的家庭关系、病情等个人隐私，这些隐私信息一旦泄露出去，会给当事人带来侵害。因此，在开展慈善服务的过程中，不得侵害他们的隐私。侵犯当事人隐私，要依法承担相应的责任，如根据《民法典》第一千二百二十六条的规定，医疗机构及其医务人员应当对患者的隐私和个人信息保密。泄露患者的隐私和个人信息，或者未经患者同意公开其病历资料的，应当承担侵权责任。

案例指引

河南钇成医疗设备有限公司、河南省第二慈善医院买卖合同纠纷二审民事判决书[1]

裁判理由：关于设备应否返还的问题，根据2016年《慈善法》第五十九条的规定，受益人未按照协议使用慈善财产或者有其他严重违反协议情形的，慈善组织有权要求其改正，受益人拒不改正的，慈善组织有权解除协议并要求受益人返还财产。该规定并未赋予捐赠人要求返还财产的权利。因此，钇成公司要求返还医疗设备的诉讼请求，不予支持。

第六十四条　【需要专门技能的慈善服务】开展医疗康复、教育培训等慈善服务，需要专门技能的，应当执行国家或者行业组织制定的标准和规程。

慈善组织招募志愿者参与慈善服务，需要专门技能的，应当对志愿者开展相关培训。

条文注释

根据本条规定，慈善组织、其他组织和个人在开展诸如医疗康复、教育培训等专门的慈善服务过程中，不能因为无偿或低偿就降低服务的标准，更不能以此为由，违反相关标准和规程，损害受益人的合法权益。开展医疗康复、教育培训等慈善服务的组织，应当在机构设置、人员资格、服务内容

① （2021）豫08民终356号。

等方面按照有关法律、法规、规章的要求和有关行业组织的规定进行,并严格遵守相关的标准和规程。同时,慈善组织根据具体慈善服务的要求,有义务对所招募的志愿者开展相关培训,保证他们在开展慈善服务过程中,提供较为专业的慈善服务,同时避免发生不当操作、提供服务不适当等情况,损害受益人的合法权益。

第六十五条　【向志愿者的告知义务】慈善组织招募志愿者参与慈善服务,应当公示与慈善服务有关的全部信息,告知服务过程中可能发生的风险。

慈善组织根据需要可以与志愿者签订协议,明确双方权利义务,约定服务的内容、方式和时间等。

条文注释

一般而言,慈善组织招募志愿者一般有两种类型:一种是日常性招募,收集积累志愿者信息资源,建立志愿者资料库,开展基础培训,形成相对稳定的志愿者队伍,为开展慈善服务储备人力资源;另一种是应急性(临时性)招募,为某一具体慈善服务设定有针对性的条件,招募符合相应资格要求的志愿者提供服务。公示与慈善服务有关的全部信息,告知服务过程中可能发生的风险,是慈善组织招募志愿者参与慈善服务时必须履行的重要义务。与慈善服务有关的全部信息主要有:开展慈善服务的慈善组织信息,慈善服务的时间、地点、方式、服务对象等信息,需要招募志愿者的岗位、条件、人数、保障条件等信息。其中,志愿者的保障条件包括但不限于志愿者保险、交通误工等补贴、志愿者服装工具、专项培训等。同时,志愿者认为慈善组织公示的慈善服务信息和告知的风险不够充分全面,可以要求慈善组织进一步解释说明或者拒绝参加该慈善服务。

根据本条第二款的规定,慈善组织与志愿者之间可以就慈善服务签订协议,该协议应当包括且不限于服务内容、时间和地点,当事人的权利、义务,风险保障措施,协议的变更和解除,法律责任及争议解决方式和需要明确的其他事项。从法律性质上看,慈善组织与志愿者之间就慈善服务签订的协议是民事合同。签订协议的当事人即慈善组织和志愿者是法律地位平等的民事主体;协议的主要内容是明确志愿者提供服务的内容、时间、地点和双方在服务过程中的权利义务。但应注意的是,根据《劳动法》的规定,劳动合同是劳动者与用人单位确立劳动关系、明确双方权利和义务的协议,劳动者享有取得劳动报酬的权利。志愿者提供的慈善服务是不获取报酬的无偿服务,志愿者与慈善组织也没有《劳动法》上的劳动关系。因此从法律性质上看,该协议不是劳动合同。

案例指引

贾某与梨树慈善总会侵权责任纠纷一审民事判决书[①]

裁判理由:2016年《慈善法》第八条第一款规定:“本法所称慈善组织,是指依法成立、符合本法规定,以面向社会开展慈善活动为宗旨的非营利性组织。”本案被告梨树县慈善总会是符合法律规定的慈善组织,其享有依法开展慈善活动的权利。

① (2018)吉0322民初1997号。

2016年《慈善法》第一百零六条规定,“慈善服务过程中,因慈善组织或者志愿者过错造成受益人、第三人损害的,慈善组织依法承担赔偿责任”。原告据此起诉,缺少事实和法律依据,因为2016年《慈善法》第六十一条第一款规定:“本法所称慈善服务,是指慈善组织和其他组织以及个人基于慈善目的,向社会或者他人提供的志愿无偿服务以及其他非营利服务。”从本案原告所举证据看,没有证据证明被告梨树县慈善总会与原告之间存在慈善服务关系,被告为宋某的儿子募捐676403.00元,为宋某父亲募捐315000.00元,已如数实际交付,不存在私分、挪用、截留或者侵占慈善财产的行为,至于慈善组织为谁募捐,募捐多少,非法院调整范畴。

第六十六条 【志愿服务记录】慈善组织应当对志愿者实名登记,记录志愿者的服务时间、内容、评价等信息。根据志愿者的要求,慈善组织应当无偿、如实出具志愿服务记录证明。

条文注释

本条规定的志愿服务记录,是指志愿服务组织和依法开展志愿服务活动的其他组织通过志愿服务信息系统或者纸质载体等形式,记录志愿者参与志愿服务活动的有关信息。志愿服务记录证明,是指志愿服务组织和依法开展志愿服务活动的其他组织依据志愿服务记录信息形成的、能够证明志愿者参加志愿服务有关情况的材料。

慈善组织开展志愿服务记录工作,需要注意几个方面的问题：

1. 记录主体。要把握“谁组织，谁记录”的原则，慈善组织招募使用志愿者开展慈善服务，就应该由慈善组织对志愿者的服务情况进行记录，不能由其他组织或个人记录。

2. 志愿服务信息。志愿服务信息，包括志愿者的个人基本信息、志愿服务情况、培训情况、表彰奖励情况和评价情况。(1)志愿者的个人基本信息，包括姓名、性别、出生日期、身份证件号码、居住区域、联系方式、专业技能和服务类别等。(2)志愿者的志愿服务情况，包括志愿者参加志愿服务活动的名称、日期、地点、服务内容、服务时间、活动组织单位和活动负责人。服务时间是指志愿者参与志愿服务实际付出的时间，以小时为计量单位。志愿服务组织应当根据志愿服务活动的实际情况，科学合理确定服务时间。(3)志愿者的培训情况，包括志愿者参加志愿服务有关培训的名称、主要内容、学习时长、培训举办单位和日期等信息。志愿服务组织应当及时、如实记录志愿者的培训情况。(4)志愿者的表彰奖励情况，包括志愿者获得志愿服务表彰奖励的名称、日期和授予单位。志愿服务组织应当及时记录志愿者在本组织获得表彰奖励的情况。志愿者获得县级以上人民政府或者有关部门给予志愿服务表彰奖励的，志愿服务组织应当在志愿者提供相关材料后及时、如实记录。志愿者获得其他组织给予志愿服务表彰奖励的，可以凭相关材料申请志愿服务组织协助记录。志愿服务组织核实无误后应当协助记录。(5)志愿者的评价情况，包括对志愿者的服务质量评价以及评价日期。志愿服务组织可以根据志愿服务完成情况、志愿服务对象反馈情况，对志愿者的服务质量进行评价。志愿服务组织可以基于服务时间和服务质量等,对志愿者进行星级评价。

关联法规

《志愿服务记录与证明出具办法(试行)》

《中央文明办、民政部、教育部、共青团中央关于规范志愿服务记录证明工作的指导意见》

第六十七条　【合理安排志愿服务】慈善组织安排志愿者参与慈善服务,应当与志愿者的年龄、文化程度、技能和身体状况相适应。

条文注释

慈善组织作为慈善活动的规划、指导和调动者,应当合理安排和指导志愿者参与慈善服务,即安排志愿者从事与其年龄、文化程度、技能和身体状况相适应的活动。同时,慈善组织还有责任不断跟踪了解志愿者服务情况、遵守组织管理规定和程序情况以及风险防范、安全保障等情况,根据条件的变化及时对志愿者的安排作出调整。需要说明的是,慈善组织在安排志愿者参与慈善服务时,除了要考虑其年龄、文化程度、技能和身体状况等因素外,必要时还要根据服务具体情况对志愿者的犯罪记录、学习情况、工作经历等进行了解考察,有不良记录的志愿者要限制其参加相关的慈善服务或岗位。

第六十八条　【志愿者的管理和培训】志愿者接受慈善组织安排参与慈善服务的,应当服从管理,接受必要的培训。

第六十九条 【志愿者权益保障】慈善组织应当为志愿者参与慈善服务提供必要条件,保障志愿者的合法权益。

慈善组织安排志愿者参与可能发生人身危险的慈善服务前,应当为志愿者购买相应的人身意外伤害保险。

条文注释

根据本条规定,慈善组织应当为志愿者参与慈善服务提供必要条件。根据具体服务内容的不同,这里的“必要条件”可以包括专门培训、交通通讯、餐饮住宿、服装标识、医疗药品、必备工具、购买保险、安全保障等。志愿者的合法权益除民事主体所具有的人身权、财产权等基本权利之外,在参与慈善服务时还应当包括有权自愿参加慈善服务,有权拒绝提供超出其自身能力或者约定范围的慈善服务;获得慈善服务真实、准确、完整的信息;获得慈善服务所需的教育和培训;获得从事慈善服务必要的条件和安全保障;请求慈善组织帮助解决在慈善服务期间遇到的实际困难;对慈善组织提出建议和意见;要求慈善组织出具志愿服务记录证明等权利。

第八章 应急慈善

第七十条 【募捐协调机制】发生重大突发事件需要迅速开展救助时,履行统一领导职责或者组织处置突发事件的人民政府应当依法建立协调机制,明确专门机构、人员，提供需求信息，及时有序引导慈善组织、志愿者等社会力量开展募捐和救助活动。

条文注释

第八章“应急慈善”是2023年《慈善法》修正时新增加的章节，系统规范突发事件应对中的慈善活动。

本条明确慈善力量在突发事件应对中的角色定位。将慈善纳入突发事件应对管理机制的总体框架之中，明确慈善是突发事件治理体系中不可或缺的重要组成部分。强化政府组织慈善力量参与应急管理的责任，合理划分民政部门、应急管理部门、卫生健康部门等政府部门职责，建立政社协同、政社联动、信息共享的统筹协调机制，进一步激发各类慈善组织参与突发事件应对的积极性和责任感。

第七十一条　【慈善组织和慈善行业组织应急机制】 国家鼓励慈善组织、慈善行业组织建立应急机制，加强信息共享、协商合作，提高慈善组织运行和慈善资源使用的效率。

在发生重大突发事件时，鼓励慈善组织、志愿者等在有关人民政府的协调引导下依法开展或者参与慈善活动。

条文注释

本条鼓励慈善力量建立应对突发事件的统筹协调机制。充分发挥慈善行业组织的行业引领、统筹协调、资源整合和行业自律作用，加强慈善行业在应急状态下的协同联动，建立应急状态下的慈善需求信息发布与数据跟踪以及物资接收、仓储、物流、调配等工作机制,提升慈善组织应急救助能力和专业水平。

第七十二条 【及时分配或者使用募得款物】为应对重大突发事件开展公开募捐的,应当及时分配或者使用募得款物,在应急处置与救援阶段至少每五日公开一次募得款物的接收情况,及时公开分配、使用情况。

条文注释

本条对参与救灾的慈善组织提出了明确要求,以保证慈善捐赠在抢险救援和各类重大突发事件应对中充分发挥应有作用,同时也顺应了应急处突工作需要和社会舆论关切。

第七十三条 【补办募捐方案备案】为应对重大突发事件开展公开募捐,无法在募捐活动前办理募捐方案备案的,应当在活动开始后十日内补办备案手续。

条文注释

在常态下,开展公开募捐必须具有民政部门审核批准的公开募捐资格,否则不得开展公开募捐。考虑到重大突发事件下慈善工作必须符合应急处突工作的特殊需要,以快制快、灵活应变,突出效率导向,注重实施效果,从宽掌握应急状态下慈善公开募捐资格、募捐备案、税收优惠等相关规定。2023 年《慈善法》修正后在本条规定,为应对重大突发事件开展公开募捐,无法在募捐活动前办理募捐方案备案的,应当在活动开始后十日内补办备案手续,这在实质上放宽了募捐方案的备案时间和备案手续。

第七十四条　【提供便利和帮助】县级以上人民政府及其有关部门应当为捐赠款物分配送达提供便利条件。乡级人民政府、街道办事处和村民委员会、居民委员会，应当为捐赠款物分配送达、信息统计等提供力所能及的帮助。

条文注释

本条明确各主体的帮助义务与具体职责，畅通捐赠款物分配送达和信息统计的渠道，提升应急治理中慈善活动的效率，助力落实慈善活动成果。

第九章　信息公开

第七十五条　【慈善信息统计、发布和平台】国家建立健全慈善信息统计和发布制度。

国务院民政部门建立健全统一的慈善信息平台，免费提供慈善信息发布服务。

县级以上人民政府民政部门应当在前款规定的平台及时向社会公开慈善信息。

慈善组织和慈善信托的受托人应当在本条第二款规定的平台发布慈善信息，并对信息的真实性负责。

条文注释

本条所称“国家建立健全慈善信息统计和发布制度”，是将慈善信息统计和发布纳入国家统一的统计管理体制。

2017年9月4日，民政部依据2016年《慈善法》“信息公开”要求建设并开通全国慈善信息公开平台（慈善中国），用于慈善组织、慈善信托受托人等参与主体面向社会公开慈善信息。

本条明确要求县级以上人民政府民政部门及时在慈善中国平台上向社会公开慈善信息。同时，慈善组织和慈善信托的受托人应当在慈善中国发布慈善信息，并对信息的真实性负责。

第七十六条 【政府部门的慈善信息公开】县级以上人民政府民政部门和其他有关部门应当及时向社会公开下列慈善信息：

（一）慈善组织登记事项；

（二）慈善信托备案事项；

（三）具有公开募捐资格的慈善组织名单；

（四）具有出具公益性捐赠税前扣除票据资格的慈善组织名单；

（五）对慈善活动的税收优惠、资助补贴等促进措施；

（六）向慈善组织购买服务的信息；

（七）对慈善组织、慈善信托开展检查、评估的结果；

（八）对慈善组织和其他组织以及个人的表彰、处罚结果；

（九）法律法规规定应当公开的其他信息。

条文注释

本条所规定的应当公开的慈善信息，是有关行政机关在履行职责过程中制作或者获取的，以一定形式记录、保存的信息，按照《政府信息公开条例》的规定，属于政府信息。应当对所掌握的慈善信息进行公开的,既包括县级以上人民政府民政部门,也包括其他有关部门。民政部门是慈善事业的主管部门,又负责慈善组织的登记、认定、监管等职能,对慈善信托相关文件进行备案,因此,民政部门承担着公开相关信息的职责。除民政部门以外,其他有关部门,如公安部门、检察院、法院等,也能获取、掌握部分慈善组织、慈善活动的信息;人民政府的其他组成部门,如统计、财政、税务部门,不但可以获取、掌握慈善组织、慈善活动的信息,还能够参与制作有关慈善信息,例如,统计慈善组织信息,发布慈善组织、慈善活动数据,制定慈善组织税收优惠政策,对慈善组织实施税收优惠等。因此,各相关部门在各自的职权范围内,都有公开慈善信息的义务。

根据本条规定,县级以上人民政府民政部门和其他有关部门公开的慈善信息,可以分为两大类:第一类是慈善组织、慈善活动的客观信息,如上述第一、二项信息;第二类是政府和有关部门履行职能中对慈善组织、慈善活动形成的信息,如上述第三、四、五、六、七、八项信息,是由政府及其有关部门建立制度、确立标准、设定规则后,运用这一整套评判体系对慈善组织、慈善信托、慈善活动及有关组织、个人进行评价、判定后产生的信息,该类信息中既可能有正面信息,也可能有负面信息。上述慈善信息都应当在县级以上各级民政部门统一的信息平台上公布,当然也可以同时在其他平台上公开。

第七十七条　【慈善组织、慈善信托受托人的信息公开】慈善组织、慈善信托的受托人应当依法履行信息公开义务。信息公开应当真实、完整、及时。

条文注释

依法公开信息，是慈善组织、慈善信托的受托人应当履行的法定义务。本法其他一些条款的规定，也要求慈善组织有义务公开信息。如捐赠人有权查询、复制其捐赠财产管理使用的有关资料，慈善组织应当及时主动向捐赠人反馈有关情况；慈善组织开展定向募捐的，应当及时向捐赠人告知募捐情况、募得款物的管理使用情况，等等。慈善组织、慈善信托的受托人信息公开，应当遵循真实、完整、及时原则。需要注意的是，《慈善法》也规定，涉及国家秘密、商业秘密、个人隐私的信息以及捐赠人、慈善信托的委托人不同意公开的姓名、名称、住所、通讯方式等信息，不得公开。因此，慈善组织以及慈善信托的受托人在信息公开时要谨慎，认真审查应当公开的内容。

第七十八条　【慈善组织信息公开的内容】慈善组织应当向社会公开组织章程和决策、执行、监督机构成员信息以及国务院民政部门要求公开的其他信息。上述信息有重大变更的，慈善组织应当及时向社会公开。

慈善组织应当每年向社会公开其年度工作报告和财务会计报告。具有公开募捐资格的慈善组织的财务会计报告须经审计。

条文注释

根据本条规定，应当公开的信息范围包括：

1. 组织章程。这主要载明下列事项：(1)名称和住所；(2)组织形式；(3)宗旨和活动范围；(4)财产来源及构成；(5)决策、执行机构的组成及职责；(6)内部监督机制；(7)财产管理使用制度;(8)项目管理制度;(9)终止情形及终止后的清算办法;(10)其他重要事项。慈善组织向社会公开的章程内容,至少应当包含上述事项。

2. 决策、执行、监督机构成员信息。

3. 国务院民政部门要求公开的其他信息。国务院民政部门有权根据监督管理工作的需要,要求慈善组织公开有关信息。例如,在发生重大自然灾害、事故灾难和公共卫生事件时,国务院民政部门可以要求慈善组织对参与救灾的具体情况向社会公开,慈善组织应当进行公开。地方各级民政部门要求慈善组织公开有关信息的,慈善组织可以遵照要求进行公开。

本条第一款同时规定,上述信息有重大变更的,慈善组织应当及时向社会公开。信息的重大变更,主要是指章程和决策、执行、监督机构成员情况以及国务院民政部门要求慈善组织公开的信息中,有较为明显的变动内容。

本条第二款规定,慈善组织的年度工作报告和财务会计报告应当每年向社会公开。同时特别规定,具有公开募捐资格的慈善组织的财务会计报告在公开之前,必须先进行审计。

第七十九条　【公开募捐和慈善项目实施的信息公开】具有公开募捐资格的慈善组织应当定期向社会公开其募捐情况和慈善项目实施情况。

公开募捐周期超过六个月的,至少每三个月公开一次募捐情况,公开募捐活动结束后三个月内应当全面、详细公开募捐情况。

慈善项目实施周期超过六个月的，至少每三个月公开一次项目实施情况，项目结束后三个月内应当全面、详细公开项目实施情况和募得款物使用情况。

条文注释

本条规定，具有公开募捐资格的慈善组织应当定期向社会公开公众募捐情况和慈善项目实施情况，这是对具有公开募捐资格的慈善组织公开有关信息的总要求。具体而言，具有公开募捐资格的慈善组织信息公开的内容包括公开募捐情况和慈善项目实施情况：(1)公开募捐情况。在募捐开始前，具有公开募捐资格的慈善组织须先行向社会公开以下信息：慈善组织的名称、住所、宗旨和活动范围等组织信息、公开募捐资格、募捐目的、募款用途、募捐的起止时间、募得款物的使用计划、接受捐赠方式、联系方式等。具有公开募捐资格的慈善组织在募捐结束后，须向社会全面详细公开关于募捐情况的信息，除了募捐开始前所应公开的信息外，具有公开募捐资格的慈善组织还应再公开受赠款物构成、受赠数额、捐赠人、是否向捐赠人开具票据以及募捐成本等与募捐相关的信息。(2)慈善项目实施情况。对基于公开募捐所实施的慈善项目，慈善组织应在项目结束后，全面详细公开项目实施情况，包括项目名称、受益人的申请及评审程序、项目实施成本(包括物资采集、人力成本等)、管理费用、项目实施进度等；项目委托第三方来执行的，还应公开执行方的相关信息。此外，依据本条，慈善组织还应全面详细公开募得款物的使用情况，如是否按规定或捐赠协议约定的用途使用捐赠财产、捐赠财产的保值增值情况等。

第八十条　【定向募捐的告知义务】慈善组织开展定向募捐的，应当及时向捐赠人告知募捐情况、募得款物的管理使用情况。

条文注释

根据本条规定，开展定向募捐的慈善组织，应当及时向捐赠人告知募捐情况、募得款物的管理使用情况：(1)募捐情况。慈善组织在定向募捐开始前，应当向捐赠人告知以下信息：募捐目的、募得款物用途、募捐的起止时间、接受捐赠方式、联系方式、募得款物的使用计划等。募捐结束后，慈善组织须将全部募捐情况向捐赠人公开，除了在募捐开始前所公开的信息外，还应公开募得款物的构成、受赠数额、捐赠人、是否向捐赠人开具票据以及募捐成本等。(2)募得款物的管理使用情况。管理使用情况包括募得款物的管理费用、保值增值情况、项目实施成本包括物资采集和人力成本等、项目实施进度、是否按规定或捐赠协议约定的用途使用捐赠财产等信息。

应注意本条关于定向募捐的规定与第七十九条关于公开募捐的规定的区别：(1)对象的区别。慈善组织开展定向募捐时，信息告知的法律义务对象是捐赠人，而不是社会公众，这是由慈善组织的定向募捐范围决定的。慈善组织发起定向募捐，其募捐的对象是发起人、理事会成员和会员等特定对象，而不是社会公众。因此，慈善组织的募捐情况和募得款物的管理使用情况仅需要向这部分特定主体告知即可。告知可以采取口头或者书面方式。(2)时间要求的区别。与公开募捐时信息公开的要求不同，本条没有对定向募捐信息告知的时间节点进行规定，而是规定了慈善组织应“及时”告知有关情况。这里的“及时”，是要求慈善组织应在合理的时间告知有关情况。如捐赠协议中约定了信息告知的时间，或捐赠人提出了合理的信息告知要求，慈善组织应当按约定或按要求进行告知。一般情况下，定向募捐情况的告知包括募捐开始前的告知和募捐结束后的告知，慈善组织还可以选择参考公开募捐的时间要求，在募捐过程中也进行信息披露。

第八十一条　【向受益人的告知义务】慈善组织、慈善信托的受托人应当向受益人告知其资助标准、工作流程和工作规范等信息。

条文注释

根据本条规定，慈善组织和慈善信托的受托人对受益人的信息告知义务仅限于与受益人利益相关的信息，主要包括资助标准、工作流程和工作规范等：(1)资助标准。慈善组织和慈善信托的受托人在项目开始前即应确定对受益人的资助标准，而且对每个受益人的具体获助标准应是确定的，慈善组织和慈善信托的受托人应严格依据资助标准对受益人进行资助，不能随意更改标准，更不能侵占、私分、截留或挪用捐赠款项。按照程序确定了项目受益人后，慈善组织和慈善信托的受托人应将资助标准准确、全面、及时告知受益人。(2)工作流程。这一般包括项目运作步骤、实施进度安排等。(3)工作规范。慈善组织和慈善信托的受托人要建立相应的管理制度和内部控制机制，明确行为准则，规范项目运作。工作规范是慈善组织和慈善信托的受托人对相关法律法规的进一步细化。

理解本条还应注意:(1)告知有关信息可以采取口头或者书面方式。本条未规定向受益人信息告知的方式,慈善组织和慈善信托的受托人可以口头告知受益人,也可以根据需要与受益人签订协议,通过书面形式明确双方权利义务,约定慈善财产的用途、数额和使用方式、项目实施进度、双方的权利义务等内容。(2)本条虽然规定信息告知的对象是受益人,而不是社会公众,但在选择受益人时应遵循向社会公开的原则。本法第五十九条规定,慈善组织确定慈善受益人,应当坚持公开、公平、公正的原则,其中的"公开"便是要求向社会公开。慈善项目的受益人实际上是从社会公众中按照慈善组织设定的程序和标准筛选出来的特定群体,因此,慈善组织和慈善信托的受托人在确定项目受益人时还应履行规范的流程,即慈善组织在必要的范围内公告社会公众,慈善组织对收到的申请进行评审,公布评审结果并通知申请人。

第八十二条　【不得公开的事项】涉及国家秘密、商业秘密、个人隐私的信息以及捐赠人、慈善信托的委托人不同意公开的姓名、名称、住所、通讯方式等信息,不得公开。

条文注释

国家秘密是指关系国家安全和利益,依照法定程序确定,在一定时间内只限一定范围的人员知悉的事项。商业秘密是指不为公众所知悉,能为权利人带来经济利益,具有实用性并经权利人采取保密措施的技术信息和经营信息。个人隐私是指公民个人生活中不愿为他人(一定范围以外的人)公开或知悉的秘密。所有涉及国家秘密、商业秘密、个人隐私的信息均不得公开,否则便须依法承担相应的法律责任。

本条同时规定,捐赠人、慈善信托的委托人不同意公开自己的姓名、名称、住所、通讯方式等信息的,不得公开。此项规定实际上是信息公开除外一般性原则在慈善领域的具体表现。捐赠人、慈善信托的委托人的姓名、名称、住所、通讯方式等信息,在特定环境或语境下,可以认定为捐赠人、慈善信托的委托人的隐私或具有价值的商业信息,捐赠人、慈善信托的委托人明确表示不愿意公开上述信息的,慈善组织应尊重捐赠人、慈善信托的委托人的意愿,不得公开上述信息。

理解本条规定,还应注意以下几个问题:

(1)本条没有对受益人的信息进行单独规定,但受益人的相关隐私也是依法受保护的。本条所规定的"个人隐私"也包含受益人的隐私。需要明确的是,受益人不得以"个人隐私"为由来对抗法律法规的强制性规定。例如,公开慈善项目实施情况是慈善组织的法律义务,其中必然涉及受益人的姓名等相关信息,此时受益人不得以保护自己个人隐私为由拒绝公开,但信息公开的程度,即公开多少受益人的个人信息,本法没有详细规定,行政法规和部门规章有规定的,慈善组织应遵守相关规定。

(2)本条规定的主体并不限于慈善组织,而是对所有信息公开义务人的要求。依据本法,政府部门、慈善组织以及慈善信托的受托人均是信息公开的义务人,这些主体既要依法履行信息公开义务,同时,在进行信息公开时还须遵守本条的规定。

(3)本条规定实际包含了一个前提,即捐赠人、慈善信托的委托人知晓自己有不同意公开相关信息的权利,相应地,这就要求慈善组织对捐赠人履行告知义务;慈善信托的受托人也需对委托人履行告知义务;政府部门在履行信息公开义务时,涉及捐赠人或慈善信托的委托人的姓名、名称、住所、通讯方式等信息的,在公开前也应征求捐赠人或慈善信托的委托人的同意。

(4)有关部门在履行职能时依法可以要求提供必要的材料和信息,有关主体不得以国家秘密、商业秘密或个人隐私为由予以隐瞒。也就是说,有关信息不对社会公开,并没有免除相关主体对有关部门报告的义务。

第十章　促进措施

第八十三条　【政府及有关部门促进慈善事业的基本职责】县级以上人民政府应当将慈善事业纳入国民经济和社会发展规划,制定促进慈善事业发展的政策和措施。

县级以上人民政府有关部门应当在各自职责范围内,向慈善组织、慈善信托受托人等提供慈善需求信息,为慈善活动提供指导和帮助。

第八十四条　【慈善信息共享机制】县级以上人民政府民政部门应当建立与其他部门之间的慈善信息共享机制。

条文注释

慈善信息是指开展慈善活动、进行慈善事业监督管理过程中产生的信息。民政部门应当就如下事项加强与有关部门的信息共享：慈善组织登记管理；慈善信托备案管理；慈善组织公开募捐资格；慈善组织税收优惠；对慈善组织、慈善信托开展检查、评估的结果等。其他有关部门应在职责范围内，积极进行慈善信息共享。

第八十五条　【慈善事业税收优惠政策】国家鼓励、引导、支持有意愿有能力的自然人、法人和非法人组织积极参与慈善事业。

国家对慈善事业实施税收优惠政策，具体办法由国务院财政、税务部门会同民政部门依照税收法律、行政法规的规定制定。

条文注释

本条是2023年《慈善法》修正时，新增的条文。国家对开展扶贫济困的慈善活动，实行特殊的优惠政策，将进一步激发社会多元主体参与各种慈善活动的积极性。

第八十六条　【慈善组织税收优惠】慈善组织及其取得的收入依法享受税收优惠。

第八十七条　【捐赠人税收优惠】自然人、法人和非法人组织捐赠财产用于慈善活动的，依法享受税收优惠。企业慈善捐赠支出超过法律规定的准予在计算企业所得税应纳税所得额时当年扣除的部分，允许结转以后三年内在计算应纳税所得额时扣除。

境外捐赠用于慈善活动的物资，依法减征或者免征进口关税和进口环节增值税。

第八十八条　【慈善信托税收优惠】自然人、法人和非法人组织设立慈善信托开展慈善活动的，依法享受税收优惠。

条文注释

本法第八十八条为2023年《慈善法》修正时新增的条文，解决了业内最为关心的慈善信托税收优惠问题，为后续财政等相关部门制定慈善信托的税收优惠政策提供了法律依据。

第八十九条　【受益人税收优惠】受益人接受慈善捐赠，依法享受税收优惠。

第九十条　【及时办理税收优惠手续】慈善组织、捐赠人、受益人依法享受税收优惠的，有关部门应当及时办理相关手续。

第九十一条　【免征行政事业费用】捐赠人向慈善组织捐赠实物、有价证券、股权和知识产权的，依法免征权利转让的相关行政事业性费用。

条文注释

行政事业性费用是指国家机关、事业单位、代行政府职能的社会团体及其他组织根据法律、行政法规、地方性法规等有关规定，依照国务院规定程序批准，在向公民、法人提供特定服务的过程中，按照成本补偿和非营利原则向特定服务对象收取的费用。按照收费性质可分为六类，即行政管理类、资源补偿类、鉴定类、考试类、培训类和其他类。捐赠实物、有价证券、股权和知识产权的行政事业性费用，主要是行政管理类费用。

第九十二条　【特殊优惠政策】国家对开展扶贫济困、参与重大突发事件应对、参与重大国家战略的慈善活动，实行特殊的优惠政策。

第九十三条　【慈善服务设施用地】慈善组织开展本法第三条第一项、第二项规定的慈善活动需要慈善服务设施用地的，可以依法申请使用国有划拨土地或者农村集体建设用地。慈善服务设施用地非经法定程序不得改变用途。

条文注释

本法第九十三条所指的本法第三条第一项、第二项规定的慈善活动，包括扶贫、济困、扶老、救孤、恤病、助残、优抚七个领域。在这些慈善活动领域中，已有一些法规规章涉及慈善组织的用地问题。

划拨方式取得国有土地使用权，是指经县级以上人民政府依法批准后，在土地使用权者依法缴纳了土地补偿费、安置补偿费及其他费用后，国家将土地交付给土地使用者使用，或者国家将土地使用权无偿交付给土地使用者使用的行为。《土地管理法》第五十四条对可以通过划拨的方式取得土地使用权的范围作了规定，其中专门规定了城市基础设施用地和公益事业用地是可以进行划拨的用地类型之一。2001年国土资源部第9号令发布的《划拨用地目录》明确规定了可以划拨方式提供土地使用权的用地项目清单。在“城市基础设施用地和公益事业用地”类别下，“非营利性社会福利设施用地”与本条规定的慈善活动领域相契合。

第九十四条 【金融政策支持】国家为慈善事业提供金融政策支持，鼓励金融机构为慈善组织、慈善信托提供融资和结算等金融服务。

条文注释

金融机构一般是指专门从事金融服务业的组织。我国的金融机构主要包括银行和信用合作社等银行业存款类金融机构、信托公司等银行业非存款类金融机构、证券公司等证券业金融机构、保险公司等保险业金融机构和小额贷款公司等新兴金融企业。金融机构提供的融资服务一般包括银行借款等为客户筹集资金的服务。金融机构提供的结算服务一般指为客户采用票据、汇款等结算方式进行货币支付及资金清算提供的服务。

针对我国慈善事业的具体情况，金融机构可以通过业务模式创新、产品创新，将金融服务尽可能覆盖到慈善组织、慈善信托和受益人群体，甚至为这类慈善主体提供定制化的服务。通过合理降低融资和结算成本，拓宽融资和结算渠道，加强金融机构对慈善活动资金往来的监督，从而可以进一步推动慈善事业的发展。

第九十五条 【对慈善组织的支持措施】各级人民政府及其有关部门可以依法通过购买服务等方式，支持符合条件的慈善组织向社会提供服务，并依照有关政府采购的法律法规向社会公开相关情况。

国家鼓励在慈善领域应用现代信息技术；鼓励社会力量通过公益创投、孵化培育、人员培训、项目指导等方式，为慈善组织提供资金支持和能力建设服务。

条文注释

政府购买服务，是指通过发挥市场机制作用，把政府直接向社会公众提供的一部分公共服务事项，按照一定的方式和程序，交由具备条件的社会力量承担，并由政府根据服务数量和质量向其支付费用。根据本条规定，具体而言：(1)政府向慈善组织购买服务的主体是各级行政机关和参照《公务员法》管理、具有行政管理职能的事业单位。此外，纳入行政编制管理且经费由财政负担的群众性团体组织，也可根据实际需要，向慈善组织购买服务。(2)承接政府购买服务的慈善组织，是指在民政部门登记成立或经国务院批准免予登记的慈善组织。承接政府购买服务的慈善组织应具有独立承担民事责任的能力，具备提供服务所必需的设施、人员和专业技术的能力，具有健全的内部治理结构、财务会计和资产管理制度，具有良好的社会信誉，具有依法缴纳税收和社会保险的良好记录，并符合登记管理部门依法认定的其他条件。承接慈善组织的具体条件由购买主体会同财政部门根据购买服务项目的性质和质量要求确定。(3)政府向慈善组织购买服务的内容为适合采取市场化方式提供、慈善组织能够承担的公共服务,突出公共性和公益性。如养老、教育、就业、社保、医疗卫生、文化体育及儿童、残疾人服务等基本公共服务领域,凡适合慈善组织承担的,都可以通过委托、承包、采购等方式交给慈善组织承担。同时,对应当由政府直接提供、不适合慈善组织承担的公共服务,以及不属于政府职责范围的服务项目,政府不得向慈善组织购买。(4)购买工作应按照《政府采购法》及其实施条例的有关规定,采用公开招标、邀请招标、竞争性谈判、单一来源、询价等方式确定承接主体,严禁转包行为。购买主体要按照合同管理要求,与承接主体签订合同,明确所购买服务的范围、标的、数量、质量要求,以及服务期限、资金支付方式、权利义务和违约责任等,按照合同要求支付资金,并加强对服务提供全过程的跟踪监管和对服务成果的检查验收。承接主体要严格履行合同义务,按时完成服务项目任务,保证服务数量、质量和效果。(5)在各级人民政府及其有关部门向慈善组织购买服务时,要建立健全由购买主体、服务对象及第三方组成的综合性评审机制,对购买服务项目数量、质量和资金使用绩效等进行考核评价。

本条第二款为2023年《慈善法》修正时新增的条款。慈善事业是中国特色社会主义事业的重要组成部分,对促进社会公平正义、推动实现共同富裕,具有重要意义。2023年《慈善法》修改,贯彻落实党的二十大报告相关要求,多措并举促进慈善事业发展;鼓励通过公益创投、孵化培育、人员培训、项目指导等方式,为慈善组织提供资金支持和能力建设服务;鼓励在慈善领域应用现代信息技术。

关联法规

《国务院办公厅关于政府向社会力量购买服务的指导意见》

《财政部、民政部关于支持和规范社会组织承接政府购买服务的通知》

第九十六条　【发展社区慈善事业】国家鼓励有条件的地方设立社区慈善组织，加强社区志愿者队伍建设，发展社区慈善事业。

条文注释

本条是2023年《慈善法》修正时新增的条款。社区慈善是社会治理与慈善事业在基层的融合，不仅畅通了社会成员参与城乡社区治理的途径，培养塑造了居民公共精神，还有助于形成共建共享共治的基层治理格局，提升社会团结和凝聚力。《中共中央　国务院关于加强和完善城乡社区治理的意见》规定，“组织居民群众开展文明家庭创建活动，发展社区志愿服务，倡导移风易俗，形成与邻为善、以邻为伴、守望相助的良好社区氛围”，“不断拓宽城乡社区治理资金筹集渠道，鼓励通过慈善捐赠、设立社区基金会等方式，引导社会资金投向城乡社区治理领域”，“制定完善孵化培育、人才引进、资金支持等扶持政策，落实税费优惠政策，大力发展在城乡社区开展纠纷调解、健康养老、教育培训、公益慈善、防灾减灾、文体娱乐、邻里互助、居民融入及农村生产技术服务等活动的社区社会组织和其他社会组织”。

第九十七条　【慈善文化和慈善理论研究】国家采取措施弘扬慈善文化，培育公民慈善意识。

学校等教育机构应当将慈善文化纳入教育教学内容。国家鼓励高等学校培养慈善专业人才，支持高等学校和科研机构开展慈善理论研究。

广播、电视、报刊、互联网等媒体应当积极开展慈善公益宣传活动，普及慈善知识，传播慈善文化。

第九十八条　【企事业单位和其他组织的支持】国家鼓励企业事业单位和其他组织为开展慈善活动提供场所和其他便利条件。

第九十九条　【慈善项目冠名】经受益人同意，捐赠人对其捐赠的慈善项目可以冠名纪念，法律法规规定需要批准的，从其规定。

条文注释

理解本法第九十九条规定，以下两个问题需要注意：第一，捐赠人对其捐赠的慈善项目冠名纪念，前提是“受益人同意”。如果受益人不同意，捐赠人就不能对其捐赠的慈善项目冠名纪念。第二，法律法规规定需要批准的，从其规定。如果法律法规对于冠名有特别规定，应当按照规定报有关部门批准。如《公益事业捐赠法》第十四条规定，捐赠人单独捐赠的工程项目或者主要由捐赠人出资兴建的工程项目，可以由捐赠人提出工程项目的名称，报县级以上人民政府批准。

第一百条　【慈善表彰】国家建立慈善表彰制度，对在慈善事业发展中做出突出贡献的自然人、法人和非法人组织，由县级以上人民政府或者有关部门予以表彰。

条文注释

慈善是人类一项崇高的事业。国家对为慈善事业发展作出突出贡献、社会影响较大的个人、法人或者组织予以表彰奖励是推动慈善事业健康发展的重要举措。建立和完善慈善表彰奖励制度,是适应我国慈善事业蓬勃发展态势的必然要求,是吸引鼓励社会各界参与慈善事业的重要手段,是引导慈善行为、提升慈善效果的重要途径,是培育和践行社会主义核心价值观的重要方式。2005年,民政部设立"中华慈善奖",鼓励更多的自然人、法人和其他组织参与慈善事业,弘扬慈善文化。"中华慈善奖"是当前中国慈善领域政府最高奖,旨在表彰我国慈善活动中事迹突出、影响广泛的单位、个人、志愿服务等爱心团队(以下简称"爱心团队")、慈善项目、慈善信托等,由民政部负责实施。各省(区、市)可按国家有关规定建立慈善表彰奖励制度,作为支持慈善事业发展的政策措施。慈善表彰奖励项目应统一为"慈善奖",并冠以本省份或具有地方特色的名称。各省(区、市)可根据表彰奖励对象的不同特点,在"慈善奖"下设若干奖项。表彰奖励范围以为本省(区、市)慈善事业发展作出突出贡献、社会影响较大的个人、企业、机构和慈善项目等为主。

第一百零一条　【慈善信用激励】县级以上人民政府民政等有关部门将慈善捐赠、志愿服务记录等信息纳入相关主体信用记录,健全信用激励制度。

条文注释

本条是2023年《慈善法》修正时新增的条款,旨在建立健全信用激励制度。

2018年多部门联合印发的《关于对慈善捐赠领域相关主体实施守信联合激励和失信联合惩戒的合作备忘录》规定，民政部和其他有关部门通过全国信用信息共享平台向签署本备忘录的相关部门提供守信联合激励与失信联合惩戒的名单及相关信息，并按照有关规定动态更新。同时，在“信用中国”网站、“慈善中国”网站、国家企业信用信息公示系统、民政部门户网站等向社会公布。各部门从全国信用信息共享平台中获取守信联合激励与失信联合惩戒信息，执行或协助执行本备忘录规定的激励和惩戒措施，定期将联合激励与惩戒实施情况通过该系统反馈给国家发展改革委和民政部。

守信联合激励的对象有两类：一是在民政部门依法登记或认定、评估等级在4A以上的慈善组织；二是有良好的捐赠记录，以及在扶贫济困领域有突出贡献的捐赠人，包括自然人、法人和非法人组织。同时，联合激励的对象必须是全国信用信息共享平台核查信用优良的自然人、法人或非法人组织，即无不良信用记录，不属于黑名单、重点关注名单对象。

《志愿服务记录与证明出具办法(试行)》第十七条规定，志愿服务记录证明可以通过志愿服务信息系统查验。任何单位和个人不得伪造、变造或者使用虚假志愿服务记录证明。第二十条规定，任何单位和个人发现志愿服务组织不依法记录志愿服务信息、出具志愿服务记录证明，或者发现单位和个人伪造、变造、使用虚假志愿服务记录证明的，可以向民政部门投诉、举报。第二十一条规定，民政部门建立志愿服务信息记录和志愿服务记录证明抽查制度，重点检查志愿服务记录与证明的真实性、合法性，抽查结果向社会公开。

第一百零二条 【慈善国际交流与合作】国家鼓励开展慈善国际交流与合作。

慈善组织接受境外慈善捐赠、与境外组织或者个人合作开展慈善活动的,根据国家有关规定履行批准、备案程序。

条文注释

本条是2023年《慈善法》修正时新增的条款,是关于开展慈善国际交流与合作的规定。

对于与境外非政府组织合作开展慈善活动,批准程序可依据《境外非政府组织境内活动管理法》。而对于与境外的其他组织,如境外的公司合作开展慈善活动,如捐赠,批准与备案的程序如何,将有待于相关立法进一步明确。

第十一章 监督管理

第一百零三条 【民政部门的监管职责】县级以上人民政府民政部门应当依法履行职责,对慈善活动进行监督检查,对慈善行业组织进行指导。

条文注释

根据本法第六条的规定,国务院民政部门主管全国慈善工作,县级以上地方各级人民政府民政部门主管本行政区域内的慈善工作。民政部门是慈善组织的登记管理机关和慈善活动的监管部门,由于慈善组织是慈善活动的载体,所以民政部门以慈善组织为主要监督对象，按照“谁审批，谁监管”的原则承担监管责任。需要注意以下两点：一是县级以上人民政府民政部门对慈善活动进行监督检查，并不意味着其他部门不能在职责范围内做好相关工作。本法第六条规定，县级以上人民政府有关部门依照本法和其他有关法律法规，在各自的职责范围内做好相关工作。税务、审计、教育、科学、文化、卫生、体育、生态环境等领域的主管部门同样可以根据自己的职责，做好相关工作。二是政府部门不能对慈善活动的监管进行大包大揽，应当积极引导和鼓励行业组织自律机制发挥作用。

第一百零四条 【监管措施】县级以上人民政府民政部门对涉嫌违反本法规定的慈善组织、慈善信托的受托人，有权采取下列措施：

（一）对慈善组织、慈善信托的受托人的住所和慈善活动发生地进行现场检查；

（二）要求慈善组织、慈善信托的受托人作出说明，查阅、复制有关资料；

（三）向与慈善活动有关的单位和个人调查与监督管理有关的情况；

（四）经本级人民政府批准，可以查询慈善组织的金融账户；

（五）法律、行政法规规定的其他措施。

慈善组织、慈善信托的受托人涉嫌违反本法规定的，县级以上人民政府民政部门可以对有关负责人进行约谈，要求其说明情况、提出改进措施。

其他慈善活动参与者涉嫌违反本法规定的，县级以上人民政府民政部门可以会同有关部门调查和处理。

条文注释

本条设定了县级以上人民政府民政部门对涉嫌违反本法规定的慈善组织享有采取有关措施的职权。民政部门采取本法规定的措施的前提，是慈善组织“涉嫌违反本法规定”，即只有慈善组织在涉嫌违反本法规定的情形下，民政部门才可以采取这些措施。

本条规定了以下措施：

(1)对慈善组织、慈善信托的受托人的住所和慈善活动发生地进行现场检查。现场检查是指行政机关收集证据、查明事实的活动。这里的慈善组织、慈善信托的受托人的住所是指相关慈善组织、慈善信托的受托人在民政部门正式登记的住所，慈善活动发生地是指相关慈善组织、慈善信托的受托人开展慈善活动，特别是实施涉嫌违反本法规定的行为发生所涉及的相关地点。这项权力具有强制性，无须被检查的慈善组织、慈善信托的受托人同意；同时，县级以上人民政府民政部门只能对自己管辖区域内的相关慈善组织、慈善信托的受托人进行检查，无权对管辖范围外的慈善组织、慈善信托的受托人进行现场检查。

(2)要求慈善组织、慈善信托的受托人作出说明，查阅、复制有关资料。民政部门作为慈善活动的监督检查机关，有权要求涉嫌违法的慈善组织、慈善信托的受托人就相关事项作出说明，并查阅、复制有关资料，但不能任意扩大查阅、复制资料的范围。

(3)向与慈善活动有关的单位和个人调查与监督管理有关的情况。行政调查是指行政主体为达成特定行政目的依职权对相关信息进行收集和对事实进行调查的活动。本项规定的调查对象是指与慈善活动有关的单位和个人,既包括涉嫌违反本法规定的慈善组织开展有关慈善活动所涉及的捐赠人、志愿者、受益人、其他慈善组织等慈善活动参与者,也包括该慈善活动所涉及的其他有关单位和个人。

(4)经本级人民政府批准,可以查询慈善组织的金融账户。根据《商业银行法》规定,对单位存款,商业银行有权拒绝任何单位或者个人查询,但法律、行政法规另有规定的除外。本法在此对民政部门查询涉嫌违法的慈善组织金融账户作了特别规定,即属于《商业银行法》中的"对单位存款,商业银行有权拒绝任何单位或者个人查询,但法律、行政法规另有规定的除外"的情形。

(5)法律、行政法规规定的其他措施。除了上述四项监督检查措施之外,民政部门还可以依据其他法律、行政法规规定,对涉嫌违法的慈善组织、慈善信托的受托人实施其他监督检查措施。同时应注意,民政部门对涉嫌违法的慈善组织、慈善信托的受托人采取有关措施,只能来自法律、行政法规的授权。

本条第二款是2023年《慈善法》修正时新增的条款,对慈善组织、慈善信托的受托人中的有关负责人单独规定了约谈措施。其中,慈善组织属于社会组织,根据民政部发布的《社会组织基础术语》的规定,负责人是社会组织中担任领导职务的人员,一般包括会长(理事长)、副会长(副理事长)、秘书长。

第一百零五条　【检查、调查要求】县级以上人民政府民政部门对慈善组织、有关单位和个人进行检查或者调查时，检查人员或者调查人员不得少于二人，并应当出示合法证件和检查、调查通知书。

条文注释

本法第一百零四条、第一百零八条规定，县级以上人民政府民政部门有权对涉嫌违反本法规定的慈善组织采取相关监督检查措施；对任何单位和个人投诉、举报慈善组织、慈善信托有违法行为，县级以上人民政府民政部门应当及时调查处理。为了保证上述权力的规范、有效行使，同时也为了保障被检查或者调查的慈善组织、有关单位和个人的合法权益不受侵犯，必须对民政部门检查或者调查的权力行使作出相应的程序要求。

第一百零六条　【慈善信用记录和慈善组织评估】县级以上人民政府民政部门应当建立慈善组织及其负责人、慈善信托的受托人信用记录制度，并向社会公布。

县级以上人民政府民政部门应当建立慈善组织评估制度，鼓励和支持第三方机构对慈善组织的内部治理、财务状况、项目开展情况以及信息公开等进行评估，并向社会公布评估结果。

条文注释

慈善组织及其负责人信用记录主要是指县级以上人民

政府民政部门在依法履职过程中生成和获取的与慈善组织及其负责人信用状况有关的记录。根据本条规定，建立慈善组织及其负责人、慈善信托的受托人信用记录制度的主体是县级以上人民政府民政部门，这是本法赋予县级以上人民政府民政部门的重要职责。国务院民政部门应当依照本条规定和其他有关法律法规，建立健全全国的以及全国性的慈善组织及其负责人、慈善信托的受托人信用记录制度。县级以上地方各级人民政府民政部门应当依照本条规定和其他有关法律法规，在各自的职责范围内，建立健全本行政区域内的慈善组织及其负责人、慈善信托的受托人信用记录制度。

慈善组织评估就是根据慈善组织的特征，以特定统一的指标体系为评议标准，遵循规范的科学方法和操作程序，通过定性和定量的对比分析，对慈善组织在一定时间段的组织管理情况、业务活动情况和通过活动所产生的社会效益及影响等作出客观、公正和准确的判断。根据本条规定，县级以上人民政府民政部门应当建立慈善组织评估制度，鼓励和支持第三方机构对慈善组织的内部治理、财务状况、项目开展情况以及信息公开等进行评估，并向社会公布评估结果。

关联法规

《社会组织评估管理办法》

《民政部关于探索建立社会组织第三方评估机制的指导意见》

第一百零七条 【行业自律】慈善行业组织应当建立健全行业规范，加强行业自律。

条文注释

慈善行业组织是指由慈善领域的组织或个人组成，通过沟通慈善组织、慈善从业者与政府的关系，协调慈善行业的利益，规范慈善行为，提供慈善行业服务，反映慈善行业诉求，保护和增进全体成员合法权益的非营利性社会组织。慈善行业组织的主要特征是：(1)非营利性。(2)自治性。即慈善行业组织应当是经过正式登记注册的社会团体，是由会员组成的独立的法人主体，不从属或隶属于任何组织和个人。(3)中介性。即慈善行业组织可以作为政府与慈善组织、慈善事业参与者之间的重要桥梁和纽带。(4)民间性。即慈善行业组织由慈善领域的组织或个人自发、自愿组成，是在慈善事业一定范围内的自律性组织，除非经过法律或政府授权、委托，否则不具有公共权力。

第一百零八条　【社会监督】任何单位和个人发现慈善组织、慈善信托有违法行为的，可以向县级以上人民政府民政部门、其他有关部门或者慈善行业组织投诉、举报。民政部门、其他有关部门或者慈善行业组织接到投诉、举报后，应当及时调查处理。

国家鼓励公众、媒体对慈善活动进行监督，对假借慈善名义或者假冒慈善组织骗取财产以及慈善组织、慈善信托的违法违规行为予以曝光，发挥舆论和社会监督作用。

条文注释

社会监督主要是指公众监督，监督的方式是投诉、举报。监督的主体是任何单位或个人，被监督的主体是慈善组织和慈善信托委托人、受托人、监察人，包括依法成立的组织主体和相关责任人员。监督的基础是慈善组织、慈善信托的信息公开。监督的内容是慈善组织、慈善信托的违法行为。监督受理的主体是民政部门和其他有关部门或者慈善行业组织。

本条还规定，对假借慈善名义或者假冒慈善组织骗取财产以及慈善组织、慈善信托的违法违规行为，国家鼓励公众、媒体予以曝光。这里主要规定了发挥舆论监督的作用，通过曝光的方式增强社会监督的效力。监督的主体强调了公众和媒体，监督的方式主要指曝光，既可以通过广播、报刊、电视等传统媒体曝光，也可以通过互联网等新兴媒体曝光。监督的内容既包括前述所规定的慈善组织、慈善信托的违法违规行为，也包括假借慈善名义或者假冒慈善组织骗取财产的行为。被监督的主体既包括依法成立的慈善组织及其相关责任人，也包括未经登记或认定的非法慈善组织，以及假借慈善名义骗取钱财的公民、法人和非法人组织。

第十二章　法律责任

第一百零九条　【未按照宗旨开展活动等违法行为的法律责任】慈善组织有下列情形之一的，由县级以上人民政府民政部门责令限期改正，予以警告或者责令限期停止活动，并没收违法所得；情节严重的，吊销登记证书并予以公告：

（一）未按照慈善宗旨开展活动的；

（二）私分、挪用、截留或者侵占慈善财产的；

（三）接受附加违反法律法规或者违背社会公德条件的捐赠，或者对受益人附加违反法律法规或者违背社会公德的条件的。

条文注释

本条规定了三类违法行为的法律责任：(1)未按照慈善宗旨开展活动。慈善组织的活动领域、慈善募捐的实施、慈善财产的使用等都要符合慈善宗旨。如果慈善组织脱离慈善宗旨开展活动，如从事、资助危害国家安全和社会公共利益的活动，即有违慈善宗旨。(2)私分、挪用、截留或者侵占慈善财产。这里讲的慈善财产，包括发起人捐赠、资助的创始财产，募集的财产，投资所获收益等。私分慈善财产，主要是将慈善财产在成员、管理人员或者其他人员之间分配，而非依法或章程规定用于慈善目的。挪用，既包括将本慈善项目的财产用到其他慈善项目，也包括将慈善财产用于非慈善目的。截留，就是没有及时将慈善财产用于慈善项目。侵占，是指慈善组织将慈善财产据为已有，不向受益人提供慈善服务或提供慈善财产。(3)接受附加违反法律法规或者违背社会公德条件的捐赠，或者对受益人附加违反法律法规或者违背社会公德的条件。这一违法情形对应本法第十五条的规定，根据该规定，慈善组织不得接受附加违反法律法规和违背社会公德条件的捐赠，不得对受益人附加违反法律法规和违背社会公德的条件。

有以上情形之一的，由县级以上人民政府民政部门责令限期改正，即在规定的期限内纠正违法行为。如未按照慈善宗旨开展慈善活动的,停止活动。私分、挪用、截留或者侵占慈善财产的,应将私分、挪用、截留、侵占的慈善财产予以收回,归入慈善财产,依法进行管理等。情节严重的,民政部门应当吊销登记证书并予以公告,吊销登记证书是行政处罚的一种形式,慈善组织被吊销登记证书的,丧失主体资格并须依法办理注销手续。吊销登记证书的,民政部门应当予以公告。

第一百一十条 【未履行信息公开义务等违法行为的法律责任】慈善组织有下列情形之一的,由县级以上人民政府民政部门责令限期改正,予以警告,并没收违法所得;逾期不改正的,责令限期停止活动并进行整改:

(一)违反本法第十四条规定造成慈善财产损失的;

(二)指定或者变相指定捐赠人、慈善组织管理人员的利害关系人作为受益人的;

(三)将不得用于投资的财产用于投资的;

(四)擅自改变捐赠财产用途的;

(五)因管理不善造成慈善财产重大损失的;

(六)开展慈善活动的年度支出、管理费用或者募捐成本违反规定的;

(七)未依法履行信息公开义务的;

(八)未依法报送年度工作报告、财务会计报告或者报备募捐方案的;

(九)泄露捐赠人、志愿者、受益人个人隐私以及捐赠人、慈善信托的委托人不同意公开的姓名、名称、住所、通讯方式等信息的。

慈善组织违反本法规定泄露国家秘密、商业秘密的，依照有关法律的规定予以处罚。

慈善组织有前两款规定的情形，经依法处理后一年内再出现前款规定的情形，或者有其他情节严重情形的，由县级以上人民政府民政部门吊销登记证书并予以公告。

条文注释

本条第一款针对的违法行为主要是：

1. 违反本法第十四条规定造成慈善财产损失。本法第十四条规定，慈善组织的发起人、主要捐赠人以及管理人员，不得利用其关联关系损害慈善组织、受益人的利益和社会公共利益。慈善组织的发起人、主要捐赠人以及管理人员与慈善组织发生交易行为的，不得参与慈善组织有关该交易行为的决策，有关交易情况应当向社会公开。

2. 指定或者变相指定捐赠人、慈善组织管理人员的利害关系人作为受益人。该情形是2023年《慈善法》修正时新增加的内容，对应违反本法第四十条、第五十九条的法律责任。本法第四十条规定，捐赠人与慈善组织约定捐赠财产的用途和受益人时，不得指定或者变相指定捐赠人的利害关系人作为受益人。第五十九条规定，慈善组织确定慈善受益人，应当坚持公开、公平、公正的原则，不得指定或者变相指定慈善组织管理人员的利害关系人作为受益人。

3. 将不得用于投资的财产用于投资。本法第五十五条的规定，政府资助的财产和捐赠协议约定不得投资的财产，不得用于投资。违反该规定应当承担相应的法律责任。

4. 擅自改变捐赠财产用途。本法第二十四条规定，开展公开募捐，应当制定募捐方案。募捐方案包括募捐目的、起止时间和地域、活动负责人姓名和办公地址、接受捐赠方式、银行账户、受益人、募得款物用途、募捐成本、剩余财产的处理等。第二十九条规定，慈善组织开展定向募捐，应当在发起人、理事会成员和会员等特定对象的范围内进行，并向募捐对象说明募捐目的、募得款物用途等事项。第三十九条规定，慈善组织接受捐赠，捐赠人要求签订书面捐赠协议的，慈善组织应当与捐赠人签订书面捐赠协议。书面捐赠协议包括捐赠人和慈善组织名称，捐赠财产的种类、数量、质量、用途、交付时间等内容。慈善组织违反法律法规、慈善组织章程、募捐方案、募捐协议等规定或约定的捐赠财产用途的，应当承担相应的法律责任。

5. 因管理不善造成慈善财产重大损失。该情形是2023年《慈善法》修正时新增加的内容。

6. 开展慈善活动的年度支出、管理费用或者募捐成本违反规定。本法第六十一条规定，具有公开募捐资格的基金会开展慈善活动的年度支出，不得低于上一年总收入的百分之七十或者前三年收入平均数额的百分之七十；年度管理费用不得超过当年总支出的百分之十；特殊情况下，年度支出和管理费用难以符合前述规定的，应当报告办理其登记的民政部门并向社会公开说明情况。违反该规定的，应当承担相应的法律责任。

7. 未依法履行信息公开义务。本法第七十七条规定，慈善组织、慈善信托的受托人应当依法履行信息公开义务。信息公开应当真实、完整、及时。第七十八条规定，慈善组织应当向社会公开组织章程和决策、执行、监督机构成员信息以及国务院民政部门要求公开的其他信息。上述信息有重大变更的，慈善组织应当及时向社会公开。慈善组织应当每年向社会公开其年度工作报告和财务会计报告。具有公开募捐资格的慈善组织的财务会计报告须经审计。第七十九条规定，具有公开募捐资格的慈善组织应当定期向社会公开其募捐情况和慈善项目实施情况。

8. 未依法报送年度工作报告、财务会计报告或者报备募捐方案。按照本法第十三条的规定，慈善组织应当每年向办理其登记的民政部门报送年度工作报告和财务会计报告。第二十四条规定，开展公开募捐，应当制定募捐方案，募捐方案应当在开展募捐活动前报慈善组织登记的民政部门备案。否则，应当承担相应的法律责任。

9. 泄露捐赠人、志愿者、受益人个人隐私以及捐赠人、慈善信托的委托人不同意公开的姓名、名称、住所、通讯方式等信息。本法第六十三条规定，开展慈善服务，应当尊重受益人、志愿者的人格尊严，不得侵害受益人、志愿者的隐私。第八十二条规定，涉及国家秘密、商业秘密、个人隐私的信息以及捐赠人、慈善信托的委托人不同意公开的姓名、名称、住所、通讯方式等信息，不得公开。违反上述规定的，应当承担相应的法律责任。

第一百一十一条　【违法开展募捐活动的法律责任】慈善组织开展募捐活动有下列情形之一的，由县级以上人民政府民政部门予以警告，责令停止募捐活动；责令退还违法募集的财产，无法退还的，由民政部门予以收缴，转给其他慈善组织用于慈善目的；情节严重的，吊销公开募捐资格证书或者登记证书并予以公告，公开募捐资格证书被吊销的，五年内不得再次申请：

（一）通过虚构事实等方式欺骗、诱导募捐对象实施捐赠的；

（二）向单位或者个人摊派或者变相摊派的；

（三）妨碍公共秩序、企业生产经营或者居民生活的；

（四）与不具有公开募捐资格的组织或者个人合作，违反本法第二十六条规定的；

（五）通过互联网开展公开募捐，违反本法第二十七条规定的；

（六）为应对重大突发事件开展公开募捐，不及时分配、使用募得款物的。

条文注释

本条于2023年《慈善法》修改时，扩充为对六种违法开展募捐活动的法律责任作出规定。

第一百一十二条　【募捐活动违法责任】慈善组织有本法第一百零九条、第一百一十条、第一百一十一条规定情形的，由县级以上人民政府民政部门对直接负责的主管人员和其他直接责任人员处二万元以上二十万元以下罚款，并没收违法所得；情节严重的，禁止其一年至五年内担任慈善组织的管理人员。

第一百一十三条　【擅自开展公开募捐的法律责任】不具有公开募捐资格的组织或者个人擅自开展公开募捐的，由县级以上人民政府民政部门予以警告，责令停止募捐活动；责令退还违法募集的财产，无法退还的，由民政部门予以收缴，转给慈善组织用于慈善目的；情节严重的，对有关组织或者个人处二万元以上二十万元以下罚款。

自然人、法人或者非法人组织假借慈善名义或者假冒慈善组织骗取财产的，由公安机关依法查处。

第一百一十四条　【互联网公开募捐服务平台等违法的法律责任】互联网公开募捐服务平台违反本法第二十七条规定的，由省级以上人民政府民政部门责令限期改正；逾期不改正的，由国务院民政部门取消指定。

未经指定的互联网信息服务提供者擅自提供互联网公开募捐服务的，由县级以上人民政府民政部门责令限期改正；逾期不改正的，由县级以上人民政府民政部门会同网信、工业和信息化部门依法进行处理。

广播、电视、报刊以及网络服务提供者、电信运营商未依法履行验证义务的，由其主管部门责令限期改正，予以警告；逾期不改正的，予以通报批评。

第一百一十五条　【不开具捐赠票据等违法行为的法律责任】慈善组织不依法向捐赠人开具捐赠票据、不依法向志愿者出具志愿服务记录证明或者不及时主动向捐赠人反馈有关情况的，由县级以上人民政府民政部门予以警告，责令限期改正；逾期不改正的，责令限期停止活动。

条文注释

按照本法第三十八条的规定，慈善组织接受捐赠，应当向捐赠人开具由财政部门统一监（印）制的捐赠票据。捐赠票据应当载明捐赠人、捐赠财产的种类及数量、慈善组织名称和经办人姓名、票据日期等。本法第四十二条第一款规定，捐赠人有权查询、复制其捐赠财产管理使用的有关资料，慈善组织应当及时主动向捐赠人反馈有关情况。本法第六十六条规定，慈善组织应当对志愿者实名登记，记录志愿者的服务时间、内容、评价等信息。根据志愿者的要求，慈善组织应当无偿、如实出具志愿服务记录证明。慈善组织应当严格遵守本法的上述规定，违反上述规定，不给捐赠人开具捐赠票据的，开具的收据不是由财政部门统一监（印）制的捐赠票据的，开具的捐赠票据不符合本法规定的规范形式的，不向捐赠人反馈捐赠财产管理使用的有关情况或者反馈情况不及时不主动的，不应志愿者的要求出具志愿服务记录证明的，不如实出具志愿服务记录证明的，有偿出具志愿服务记录证明的，都应当由县级以上人民政府民政部门根据本条的规定予以处罚。

根据慈善组织违法行为的情节轻重，民政部门可以采取以下三种处罚方式：(1)警告。(2)责令限期改正。(3)责令限期停止活动。责令限期停止活动是对较为严重的违法行为的处罚，是一种行为罚，是行政主管部门对违反行政法律规范的行政相对方所采取的限制或剥夺其特定行为能力或资格的一种处罚措施。慈善组织被责令限期停止活动，即在一定的期限内不得以自己的名义开展任何对外活动，如发展会员、接受捐赠、开展项目活动或者其他经营性活动。

第一百一十六条　【骗取税收优惠的法律责任】慈善组织弄虚作假骗取税收优惠的，由税务机关依法查处；情节严重的，由县级以上人民政府民政部门吊销登记证书并予以公告。

条文注释

本条对慈善组织弄虚作假骗取税收优惠规定了相应的法律责任。本条规定的承担法律责任的主体是慈善组织，即根据本法登记或者认定为慈善组织的非营利性组织。构成本条规定违法行为的是慈善组织弄虚作假骗取税收优惠的行为，即不符合享受税收优惠的条件而通过虚构事实、隐瞒真相等手段取得税收优惠的行为。本条规定的法律责任的形式主要是：(1)由税务机关依法查处。《税收征收管理法》第六十三条第一款规定："纳税人伪造、变造、隐匿、擅自销毁帐簿、记帐凭证，或者在帐簿上多列支出或者不列、少列收入，或者经税务机关通知申报而拒不申报或者进行虚假的纳税申报，不缴或者少缴应纳税款的，是偷税。对纳税人偷税的，由税务机关追缴其不缴或者少缴的税款、滞纳金，并处不缴或者少缴的税款百分之五十以上五倍以下的罚款；构成犯罪的，依法追究刑事责任。"此外，《税收征收管理法》第五十二条第一款、第二款规定："因税务机关的责任，致使纳税人、扣缴义务人未缴或者少缴税款的，税务机关在三年内可以要求纳税人、扣缴义务人补缴税款，但是不得加收滞纳金。因纳税人、扣缴义务人计算错误等失误，未缴或者少缴税款的，税务机关在三年内可以追征税款、滞纳金；有特殊情况的，追征期可以延长到五年。”该条第三款规定：“对偷税、抗税、骗税的，税务机关追征其未缴或者少缴的税款、滞纳金或者所骗取的税款，不受前款规定期限的限制。”其明确了对于行为人偷税的，税务机关追征其未缴或者少缴的税款、滞纳金，不受有关追征期规定的限制。(2)情节严重的，由县级以上人民政府民政部门吊销登记证书并予以公告。吊销登记证书是一种比较严厉的行政处罚，是指有关行政执法机关取消已经登记的组织的合法凭证，被吊销登记证书的组织在法律上不再存在。慈善组织骗取税收优惠达到“情节严重”的程度才给予吊销登记证书的处罚。“情节严重”一般是指骗取税收优惠的次数多、数额大、造成的社会影响恶劣等。

第一百一十七条　【危害国家安全和社会公共利益的法律责任】慈善组织从事、资助危害国家安全或者社会公共利益活动的，由有关机关依法查处，由县级以上人民政府民政部门吊销登记证书并予以公告。

条文注释

本法第十五条规定，慈善组织不得从事、资助危害国家安全和社会公共利益的活动，不得接受附加违反法律法规和违背社会公德条件的捐赠，不得对受益人附加违反法律法规和违背社会公德的条件。本条规定了相应的法律处罚。本条规定的有关机关，根据慈善组织从事、资助危害国家安全的行为性质的不同，可以是公安机关、国家安全机关等。

2015年通过的《国家安全法》规定，国家安全机关、公安机关在国家安全工作中，依法行使侦查、拘留、预审和执行逮捕以及法律规定的其他职权。根据慈善组织从事、资助危害社会公共利益活动行为性质的不同，可以是公安机关、民政部门。

第一百一十八条 【慈善信托委托人、受托人违法责任】慈善信托的委托人、受托人有下列情形之一的，由县级以上人民政府民政部门责令限期改正，予以警告，并没收违法所得；对直接负责的主管人员和其他直接责任人员处二万元以上二十万元以下罚款：

（一）将信托财产及其收益用于非慈善目的的；

（二）指定或者变相指定委托人、受托人及其工作人员的利害关系人作为受益人的；

（三）未按照规定将信托事务处理情况及财务状况向民政部门报告的；

（四）违反慈善信托的年度支出或者管理费用标准的；

（五）未依法履行信息公开义务的。

条文注释

本法第四十四条规定，慈善信托是指委托人基于慈善目的，依法将其财产委托给受托人，由受托人按照委托人意愿以受托人名义进行管理和处分，开展慈善活动的行为。第四十九条规定，慈善信托的受托人管理和处分信托财产，应当按照信托目的，恪尽职守，履行诚信、谨慎管理的义务。慈善信托的受托人应当每年至少一次将信托事务处理情况及财务状况向办理其备案的民政部门报告，并向社会公开。慈善信托的受托人违反上述规定的,应当依照本条规定承担相应的法律责任。

“直接负责的主管人员”,是指在单位违法行为中负有直接领导责任的人员,包括违法行为的决策人,事后对单位违法行为予以认可和支持的领导人员,以及由于疏于管理或放任而对单位违法行为负有不可推卸责任的领导人员。“其他直接责任人员”,是指直接实施违法行为的人员。

第一百一十九条 【慈善服务过程中的法律责任】慈善服务过程中,因慈善组织或者志愿者过错造成受益人、第三人损害的,慈善组织依法承担赔偿责任;损害是由志愿者故意或者重大过失造成的,慈善组织可以向其追偿。

志愿者在参与慈善服务过程中,因慈善组织过错受到损害的,慈善组织依法承担赔偿责任;损害是由不可抗力造成的,慈善组织应当给予适当补偿。

条文注释

本条主要规定了慈善服务过程中两种形式的侵权责任:

一、慈善组织和志愿者造成受益人、第三人损害的责任

这主要有以下两种情况:(1)由慈善组织通过自己的工作人员提供慈善服务,对受益人、第三人造成损害的,应当由慈善组织来承担。《民法典》第一千一百九十一条规定,用人单位的工作人员因执行工作任务造成他人损害的,由用人单位承担侵权责任。用人单位承担侵权责任后,可以向有故意或者重大过失的工作人员追偿。(2)慈善组织招募的志愿者提供服务造成的侵权责任。慈善组织和志愿者之间虽然没有订立劳动合同,但是慈善组织招募志愿者时可以与志愿者

签订协议，志愿者实质是按照慈善组织的要求，代表慈善组织对外开展相关的活动。因此，对于因志愿者过错造成受益人、第三人损害的，应当由慈善组织依法承担赔偿责任。

需要说明的是，由慈善组织对工作人员、志愿者行为承担侵权责任的前提是工作人员、志愿者的行为与慈善活动有关。对于工作人员、志愿者与工作无关的行为，即使发生在工作时间内，慈善组织也不承担侵权责任，其责任应当由工作人员、志愿者个人承担。

根据本条的规定，慈善组织向受益人、第三人承担赔偿责任后，如果损害是由志愿者故意或者重大过失造成的，慈善组织可以向其追偿。故意，是指行为人预见到自己的行为会导致某一损害后果而希望或者放任该结果发生；过失，是指行为人因疏忽或者轻信而使自己未履行应有注意义务。志愿者的行为属于故意或者重大过失的，慈善组织在承担赔偿责任后，可以向该志愿者追偿。这里规定的是“可以”向志愿者追偿而不是必须向其追偿，慈善组织需要根据志愿者的赔偿能力等方面因素综合考虑决定是否追偿以及追偿的数额。

二、志愿者在慈善服务中受到损害的责任

1. 根据本法的规定，慈善组织安排志愿者参与慈善服务，应当与志愿者的年龄、文化程度、技能和身体状况相适应。慈善组织应当为志愿者参与慈善服务提供必要条件，保障志愿者的合法权益。慈善组织安排志愿者参与可能发生人身危险的慈善服务前，应当为志愿者购买相应的人身意外伤害保险。如果慈善组织没有履行法律规定的职责，因过错使志愿者在参与慈善服务过程中受到损害的，慈善组织应当依法承担赔偿责任。

2. 志愿者在提供服务的过程中，如果发生的损害是由于不可抗力造成的，慈善组织应当给予志愿者适当补偿。不可抗力，是指不能预见、不能避免且不能克服的客观情况。需要说明的是，这里的补偿不同于赔偿，赔偿的原则一般是损失多少赔偿多少，是对志愿者受到损失的全部弥补；补偿则是根据志愿者受到伤害的具体情况，结合慈善组织自身的经济能力，慈善组织适当弥补志愿者的损失。

第一百二十条　【政府部门及其工作人员的违法责任】县级以上人民政府民政部门和其他有关部门及其工作人员有下列情形之一的，由上级机关或者监察机关责令改正；依法应当给予处分的，由任免机关或者监察机关对直接负责的主管人员和其他直接责任人员给予处分：

（一）未依法履行信息公开义务的；

（二）摊派或者变相摊派捐赠任务，强行指定志愿者、慈善组织提供服务的；

（三）未依法履行监督管理职责的；

（四）违法实施行政强制措施和行政处罚的；

（五）私分、挪用、截留或者侵占慈善财产的；

（六）其他滥用职权、玩忽职守、徇私舞弊的行为。

条文注释

本条规定的违法行为主要包括：

1. 未依法履行信息公开义务。根据本法第七十五条的规定，县级以上人民政府民政部门应当在国务院民政部门建立的统一的慈善信息平台及时向社会公开慈善信息。第七十六条规定，县级以上人民政府民政部门和其他有关部门应当及时向社会公开以下慈善信息：(1)慈善组织登记事项；(2)慈善信托备案事项；(3)具有公开募捐资格的慈善组织名单；(4)具有出具公益性捐赠税前扣除票据资格的慈善组织名单；(5)对慈善活动的税收优惠、资助补贴等促进措施；(6)向慈善组织购买服务的信息；(7)对慈善组织、慈善信托开展检查、评估的结果；(8)对慈善组织和其他组织以及个人的表彰、处罚结果；(9)法律法规规定应当公开的其他信息。如果未遵守上述规定，即属于违法行为。

2. 摊派或者变相摊派捐赠任务，强行指定志愿者、慈善组织提供服务。捐赠应当是自愿和无偿的，如果摊派和变相摊派就违反了捐赠的意义，将造成不良后果。志愿者和慈善组织提供慈善服务也是自愿的，不应由政府强行指定。违反该规定，将承担相应的法律责任。

3. 未依法履行监督管理职责。本法规定了民政部门的监督管理职责，如本法第一百零三条规定，县级以上人民政府民政部门应当依法履行职责，对慈善活动进行监督检查；第一百零四条规定，县级以上人民政府民政部门对涉嫌违反本法规定的慈善组织、慈善信托的受托人，有权采取对慈善组织、慈善信托的受托人的住所和慈善活动发生地进行现场检查等措施；第一百零五条规定，县级以上人民政府民政部门对慈善组织、有关单位和个人进行检查或者调查时，检查人员或者调查人员不得少于二人，并应当出示合法证件和检查、调查通知书。如果违反上述规定，就属于违法行为。

4. 违法实施行政强制措施和行政处罚。行政强制措施，是指行政机关在行政管理过程中，为制止违法行为、防止证据损毁、避免危害发生、控制危险扩大等情形,依法对公民的人身自由实施暂时性限制,或者对公民、法人或者非法人组织的财物实施暂时性控制的行为。本法规定了民政部门和有关部门的行政强制措施,违反规定的,即属于违法。行政处罚,是指行政主体依照法定权限和程序对违反行政法律规范但尚未构成犯罪的行政相对人予以制裁的具体行政行为。违法实施行政处罚,主要是指没有依照法律规定实施行政处罚,如对不应该罚款的行政相对人给予罚款的行政处罚,又如罚款超过了法律规定的上限,或者对应当吊销登记证书的不予吊销等。

5. 私分、挪用、截留或者侵占慈善财产。本法规定,任何组织和个人不得私分、挪用、截留或者侵占慈善财产。县级以上人民政府民政部门和其他有关部门及其工作人员有上述行为的,构成违法。

6. 其他滥用职权、玩忽职守、徇私舞弊的行为。滥用职权在客观方面表现为违反或者超越法律规定的权限和程序使用职权。玩忽职守在客观方面表现为不履行、不正确履行或者放弃履行职责。

本条规定,对一般违法行为,由上级机关或者监察机关责令改正;依法应当给予处分的,由任免机关或者监察机关对直接负责的主管人员和其他直接责任人员给予处分。根据《公务员法》的规定,处分包括警告、记过、记大过、降级、撤职和开除六种。

第一百二十一条　【治安管理处罚和刑事责任追究】 违反本法规定,构成违反治安管理行为的,由公安机关依法给予治安管理处罚;构成犯罪的,依法追究刑事责任。

条文注释

1. 根据本条规定，对于违反本法规定的一些行为，构成违反治安管理处罚行为的，应当按照《治安管理处罚法》的规定承担相应的法律责任：

(1)私分、挪用、截留或者侵占慈善财产的治安管理处罚。本法第五十三条明确规定，任何组织和个人不得私分、挪用、截留或者侵占慈善财产。根据2012年《治安管理处罚法》第二十六条的规定，有强拿硬要或者任意占用公私财物等行为的，处五日以上十日以下拘留，可以并处五百元以下罚款；情节较重的，处十日以上十五日以下拘留，可以并处一千元以下罚款。

(2)开展募捐活动，妨碍公共秩序、企业生产经营和居民生活的治安管理处罚。本法第三十二条规定，开展募捐活动，不得妨碍公共秩序、企业生产经营和居民生活。2012年《治安管理处罚法》专门规定了“扰乱公共秩序的行为和处罚”一节，根据第二十三条的规定，对于扰乱机关等秩序，致使工作、生产等不能正常进行，尚未造成严重损失，以及扰乱车站、港口、码头、机场、商场、公园、展览馆或者其他公共场所秩序等行为，处警告或者二百元以下罚款；情节较重的，处五日以上十日以下拘留，可以并处五百元以下罚款；聚众实施前述行为的，对首要分子处十日以上十五日以下拘留，可以并处一千元以下罚款。第二十五条规定，对故意扰乱公共秩序等行为，处五日以上十日以下拘留，可以并处五百元以下罚款；情节较轻的，处五日以下拘留或者五百元以下罚款。第五十八条规定，违反关于社会生活噪声污染防治的法律规定，制造噪声干扰他人正常生活的，处警告；警告后不改正的,处二百元以上五百元以下罚款。

(3)弄虚作假骗取税收优惠、假借慈善名义骗取财产的治安管理处罚。本法第八十六条规定,慈善组织及其取得的收入依法享受税收优惠。第八十七条规定,自然人、法人和非法人组织捐赠财产用于慈善活动的,依法享受税收优惠。税收优惠是国家利用税收制度,按预定目的,在税收方面采取的激励和照顾措施,以减轻某些纳税人应履行的纳税义务来补贴纳税人的某些活动或相应的纳税人。税收是国家财政收入的主要来源,也是国家从事国民经济建设的重要经济支柱。骗取税收优惠,实质上会导致税收的流失,势必造成国家整体利益的受损。第一百一十六条规定,慈善组织弄虚作假骗取税收优惠的,由税务机关依法查处;情节严重的,由县级以上人民政府民政部门吊销登记证书并予以公告。同时,第三十三条规定,禁止任何组织或者个人假借慈善名义或者假冒慈善组织开展募捐活动,骗取财产。第一百一十三条规定,自然人、法人或者非法人组织假借慈善名义或者假冒慈善组织骗取财产的,由公安机关依法查处。根据2012年《治安管理处罚法》第四十九条的规定,诈骗公私财物的,处五日以上十日以下拘留,可以并处五百元以下罚款;情节较重的,处十日以上十五日以下拘留,可以并处一千元以下罚款。

2. 刑事责任是指犯罪行为人实施刑事法律禁止的行为所必须承担的法律后果。故意犯罪,应当负刑事责任。过失犯罪,法律有规定的才负刑事责任。违反本法规定,构成犯罪,依法应当追究刑事责任的,主要有以下几个方面:

(1)私分、挪用、截留或者侵占慈善财产的刑事责任。本法第五十三条规定，任何组织和个人不得私分、挪用、截留或者侵占慈善财产。《刑法》第二百七十条规定了侵占罪及其刑事处罚，其第一款、第三款规定，将代为保管的他人财物非法占为己有，数额较大，拒不退还的，处二年以下有期徒刑、拘役或者罚金；数额巨大或者有其他严重情节的，处二年以上五年以下有期徒刑，并处罚金。本条罪，告诉的才处理。第二百七十一条规定了职务侵占罪及其刑事处罚，其第一款规定，公司、企业或者其他单位的工作人员，利用职务上的便利，将本单位财物非法占为己有，数额较大的，处三年以下有期徒刑或者拘役，并处罚金；数额巨大的，处三年以上十年以下有期徒刑，并处罚金；数额特别巨大的，处十年以上有期徒刑或者无期徒刑，并处罚金。第二百七十二条规定了挪用资金罪及其刑事处罚，其第一款规定，公司、企业或者其他单位的工作人员，利用职务上的便利，挪用本单位资金归个人使用或者借贷给他人，数额较大、超过三个月未还的，或者虽未超过三个月，但数额较大、进行营利活动的，或者进行非法活动的，处三年以下有期徒刑或者拘役；挪用本单位资金数额巨大的，处三年以上七年以下有期徒刑；数额特别巨大的，处七年以上有期徒刑。第二百七十三条规定，挪用用于救灾、抢险、防汛、优抚、扶贫、移民、救济款物，情节严重，致使国家和人民群众利益遭受重大损害的，对直接责任人员，处三年以下有期徒刑或者拘役；情节特别严重的，处三年以上七年以下有期徒刑。另外，根据《刑法》第九十一条的规定，其所称公共财产包括用于扶贫和其他公益事业的社会捐助或者专项基金的财产。

(2)违反本法规定泄露国家秘密、商业秘密的刑事责任。

本法第八十二条规定，涉及国家秘密、商业秘密、个人隐私的信息以及捐赠人、慈善信托的委托人不同意公开的姓名、名称、住所、通讯方式等信息，不得公开。慈善组织违反本法规定泄露国家秘密、商业秘密的，依照有关法律的规定予以处罚。《刑法》第三百九十八条规定了故意泄露国家秘密罪及其刑事处罚，国家机关工作人员违反保守国家秘密法的规定，故意或者过失泄露国家秘密，情节严重的，处三年以下有期徒刑或者拘役；情节特别严重的，处三年以上七年以下有期徒刑。非国家机关工作人员犯前款罪的，依照上述规定酌情处罚。第二百一十九条规定了侵犯商业秘密罪及其刑事处罚，其第一款规定，以盗窃、贿赂、欺诈、胁迫、电子侵入或者其他不正当手段获取权利人的商业秘密，披露、使用或者允许他人使用以前项手段获取的权利人的商业秘密，违反保密义务或者违反权利人有关保守商业秘密的要求，披露、使用或者允许他人使用其所掌握的商业秘密，情节严重的，处三年以下有期徒刑，并处或者单处罚金；情节特别严重的，处三年以上十年以下有期徒刑，并处罚金。

(3)以慈善为名骗取财产的刑事责任。本法第三十一条规定，开展募捐活动，应当尊重和维护募捐对象的合法权益，保障募捐对象的知情权，不得通过虚构事实等方式欺骗、诱导募捐对象实施捐赠。第三十三条规定，禁止任何组织或者个人假借慈善名义或者假冒慈善组织开展募捐活动，骗取财产。第一百一十三条规定，自然人、法人或者非法人组织假借慈善名义或者假冒慈善组织骗取财产的，由公安机关依法查处。《刑法》第二百六十六条规定了诈骗罪及其刑事处罚。诈骗公私财物，数额较大的，处三年以下有期徒刑、拘役或者管制,并处或者单处罚金;数额巨大或者有其他严重情节的,处三年以上十年以下有期徒刑,并处罚金;数额特别巨大或者有其他特别严重情节的,处十年以上有期徒刑或者无期徒刑,并处罚金或者没收财产。《刑法》另有规定的,依照规定。

(4)开展募捐活动,妨碍公共秩序、企业生产经营或者居民生活的刑事责任。本法第三十二条规定,开展募捐活动,不得摊派或者变相摊派,不得妨碍公共秩序、企业生产经营和居民生活。《刑法》第二百九十条第一款规定,聚众扰乱社会秩序,情节严重,致使工作、生产、营业和教学、科研、医疗无法进行,造成严重损失的,对首要分子,处三年以上七年以下有期徒刑;对其他积极参加的,处三年以下有期徒刑、拘役、管制或者剥夺政治权利。第二百九十一条规定,聚众扰乱车站、码头、民用航空站、商场、公园、影剧院、展览会、运动场或者其他公共场所秩序,聚众堵塞交通或者破坏交通秩序,抗拒、阻碍国家治安管理工作人员依法执行职务,情节严重的,对首要分子,处五年以下有期徒刑、拘役或者管制。

(5)慈善组织弄虚作假骗取税收优惠的刑事责任。本法第一百一十六条规定,慈善组织弄虚作假骗取税收优惠的,由税务机关依法查处;情节严重的,由县级以上人民政府民政部门吊销登记证书并予以公告。《刑法》第二百零一条中规定,纳税人采取欺骗、隐瞒手段进行虚假纳税申报或者不申报,逃避缴纳税款数额较大并且占应纳税额百分之十以上的,处三年以下有期徒刑或者拘役,并处罚金;数额巨大并且占应纳税额百分之三十以上的,处三年以上七年以下有期徒刑,并处罚金。经税务机关依法下达追缴通知后,补缴应纳税款,缴纳滞纳金,已受行政处罚的,不予追究刑事责任;但是,五年内因逃避缴纳税款受过刑事处罚或者被税务机关给予二次以上行政处罚的除外。

(6)慈善组织从事、资助危害国家安全或者社会公共利益活动的刑事责任。本法第四条明确规定,开展慈善活动,应当遵循合法、自愿、诚信、非营利的原则,不得违背社会公德,不得危害国家安全、损害社会公共利益和他人合法权益。第十五条规定,慈善组织不得从事、资助危害国家安全和社会公共利益的活动。第一百一十七条规定,慈善组织从事、资助危害国家安全或者社会公共利益活动的,由有关机关依法查处,由县级以上人民政府民政部门吊销登记证书并予以公告。《刑法》设专章规定危害国家安全罪、危害公共安全罪。第一百零二条规定,勾结外国,危害中华人民共和国的主权、领土完整和安全的,处无期徒刑或者十年以上有期徒刑。与境外机构、组织、个人相勾结,犯前款罪的,依照前款的规定处罚。第一百零七条规定,境内外机构、组织或者个人资助实施本章第一百零二条、第一百零三条、第一百零四条、第一百零五条规定之罪的,对直接责任人员,处五年以下有期徒刑、拘役、管制或者剥夺政治权利;情节严重的,处五年以上有期徒刑。

(7)慈善工作中国家机关工作人员的刑事责任。本法规定,国务院民政部门主管全国慈善工作,县级以上地方各级人民政府民政部门主管本行政区域内的慈善工作;县级以上人民政府有关部门依照本法和其他有关法律法规,在各自的职责范围内做好相关工作,加强对慈善活动的监督、管理和服务;慈善组织有业务主管单位的,业务主管单位应当对其进行指导、监督。《刑法》第三百九十七条规定,国家机关工作人员滥用职权或者玩忽职守，致使公共财产、国家和人民利益遭受重大损失的，处三年以下有期徒刑或者拘役；情节特别严重的，处三年以上七年以下有期徒刑。《刑法》另有规定的，依照规定。国家机关工作人员徇私舞弊，犯上述罪的，处五年以下有期徒刑或者拘役；情节特别严重的，处五年以上十年以下有期徒刑。《刑法》另有规定的，依照规定。

第十三章　附　　则

第一百二十二条　【群众性互助互济活动】城乡社区组织、单位可以在本社区、单位内部开展群众性互助互济活动。

条文注释

城乡社区组织，是指由城乡社区及其居民组建并吸纳社区成员参与的以满足居民社会性需要和社区公共利益为目标的各种社会组织。常见的城乡社区组织有：(1)自治性的社区居民(村民)组织。在我国有居民委员会、村民委员会、商品房住宅小区业主组织等。(2)由社区或居民组建的社区服务机构、社区志愿者组织和其他社区民间组织。如近年来我国城乡社区设置的社区服务站、社区志愿者组织、社区老年协会等正式组织，各类兴趣团队、健身团队、邻里互助网络等。

在单位内部开展的职工互助互济活动，是我国社会特有的一种社会保障方式。它是由工会组织和倡导，通过宣传发动和组织动员广大职工自愿参加、自筹资金和自我完善的组织形式;是职工为防范风险,提高自身抵御风险和保障能力的自觉行动;是对我国目前社会保障体系的补充和完善。它具有广泛的参与性、会员的互助性和管理的民主性,体现自愿、民主、平等、互助、互济等特征。

第一百二十三条 【其他组织的慈善活动】慈善组织以外的其他组织可以开展力所能及的慈善活动。

条文注释

本条中的“其他组织”指的是慈善组织以外的其他所有组织:(1)法人组织。这包括企业法人、机关法人、事业单位法人等依法成立并能独立承担民事责任、享有民事权利和义务的营利性或者非营利性组织。(2)非法人组织。这包括个人独资企业、合伙企业、法人的分支机构或者代表机构等组织。(3)其他未登记的组织。这包括社区老年人协会、各类兴趣团队、健身团队、社区小组等未登记的组织。

本条规定的是“力所能及的慈善活动”。本法第三条对慈善活动作了定义,既包括传统的扶贫、济困、救灾活动,也包括促进教育、科学、文化、卫生、体育等事业的发展以及环境保护等。同时,《慈善法》第三章对慈善募捐专门作了规定,只有依法登记的慈善组织才可以开展慈善募捐,开展公开募捐还需要取得公开募捐资格。因此,慈善组织以外的其他组织开展慈善活动可以通过捐赠财产或者提供服务的方式进行;如果要开展公开慈善募捐,可以与有公开募捐资格的慈善组织合作进行,由慈善组织组织开展募捐,对合作方的相关行为进行指导和监督,并负责对合作募得的款物进行管理和会计核算,将全部收支纳入其账户。

应当注意的是，慈善组织以外的其他组织开展力所能及的慈善活动时，也应当遵循合法、自愿、诚信、非营利的原则，不得违背社会公德，不得危害国家安全、损害社会公共利益和他人合法权益。“其他组织”进行捐赠和提供服务时，也必须符合《慈善法》有关慈善捐赠和慈善服务的规定。例如，本法第三十六条第二款、第三款规定：“捐赠人捐赠的实物应当具有使用价值，符合安全、卫生、环保等标准。捐赠人捐赠本企业产品的，应当依法承担产品质量责任和义务。”第四十条第二款规定：“任何组织和个人不得利用慈善捐赠违反法律规定宣传烟草制品，不得利用慈善捐赠以任何方式宣传法律禁止宣传的产品和事项。”

第一百二十四条　【个人网络求助】个人因疾病等原因导致家庭经济困难，向社会发布求助信息的，求助人和信息发布人应当对信息真实性负责，不得通过虚构、隐瞒事实等方式骗取救助。

从事个人求助网络服务的平台应当经国务院民政部门指定，对通过其发布的求助信息真实性进行查验，并及时、全面向社会公开相关信息。具体管理办法由国务院民政部门会同网信、工业和信息化等部门另行制定。

条文注释

本条是2023年《慈善法》修正时新增加的条款，首次将个人求助行为与网络平台纳入慈善法规范，并授权主管部门指定平台、制定相关政策，填补了立法空白。一方面，强调求助人和信息发布人对信息真实性负责，不得通过虚构、隐瞒事实等方式骗取救助；另一方面，明确从事个人求助网络服务的平台应当经国务院民政部门指定,对求助信息的真实性进行查验,并及时、全面向社会公开,具体管理办法由国务院民政部门会同网信等部门另行制定。这些规定,有利于提高平台质量和公信力,为求助人、捐赠人提供可靠渠道,使网络求助和募捐行为更加有序、有效,让爱心和善行不被辜负,惠及真正需要帮助的人。

第一百二十五条 【施行日期】本法自 2016 年 9 月 1 日起施行。

附录

中华人民共和国公益事业捐赠法

（1999 年 6 月 28 日第九届全国人民代表大会常务委员会第十次会议通过　1999 年 6 月 28 日中华人民共和国主席令第 19 号公布　自 1999 年 9 月 1 日起施行）

目　　录

第一章　总　　则

第一条　【立法目的】为了鼓励捐赠，规范捐赠和受赠行为，保护捐赠人、受赠人和受益人的合法权益，促进公益事业的发展，制定本法。

第二条　【适用范围】自然人、法人或者其他组织自愿无偿向依法成立的公益性社会团体和公益性非营利的事业单位捐赠财产，用于公益事业的，适用本法。

第三条 【公益事业】本法所称公益事业是指非营利的下列事项：

（一）救助灾害、救济贫困、扶助残疾人等困难的社会群体和个人的活动；

（二）教育、科学、文化、卫生、体育事业；

（三）环境保护、社会公共设施建设；

（四）促进社会发展和进步的其他社会公共和福利事业。

第四条 【捐赠的自愿和无偿性】捐赠应当是自愿和无偿的，禁止强行摊派或者变相摊派，不得以捐赠为名从事营利活动。

第五条 【捐赠财产的使用】捐赠财产的使用应当尊重捐赠人的意愿，符合公益目的，不得将捐赠财产挪作他用。

第六条 【捐赠须合法】捐赠应当遵守法律、法规，不得违背社会公德，不得损害公共利益和其他公民的合法权益。

第七条 【对捐赠财产及其增值的国家保护】公益性社会团体受赠的财产及其增值为社会公共财产，受国家法律保护，任何单位和个人不得侵占、挪用和损毁。

第八条 【国家鼓励和扶持】国家鼓励公益事业的发展，对公益性社会团体和公益性非营利的事业单位给予扶持和优待。

国家鼓励自然人、法人或者其他组织对公益事业进行捐赠。

对公益事业捐赠有突出贡献的自然人、法人或者其他组织，由人民政府或者有关部门予以表彰。对捐赠人进行公开表彰，应当事先征求捐赠人的意见。

第二章 捐赠和受赠

第九条 【捐赠对象选择的任意性及捐赠财产的合法性】自

然人、法人或者其他组织可以选择符合其捐赠意愿的公益性社会团体和公益性非营利的事业单位进行捐赠。捐赠的财产应当是其有权处分的合法财产。

第十条 【捐赠对象】公益性社会团体和公益性非营利的事业单位可以依照本法接受捐赠。

本法所称公益性社会团体是指依法成立的,以发展公益事业为宗旨的基金会、慈善组织等社会团体。

本法所称公益性非营利的事业单位是指依法成立的,从事公益事业的不以营利为目的的教育机构、科学研究机构、医疗卫生机构、社会公共文化机构、社会公共体育机构和社会福利机构等。

第十一条 【自然灾害发生时的受赠】在发生自然灾害时或者境外捐赠人要求县级以上人民政府及其部门作为受赠人时,县级以上人民政府及其部门可以接受捐赠,并依照本法的有关规定对捐赠财产进行管理。

县级以上人民政府及其部门可以将受赠财产转交公益性社会团体或者公益性非营利的事业单位;也可以按照捐赠人的意愿分发或者兴办公益事业,但是不得以本机关为受益对象。

第十二条 【捐赠协议】捐赠人可以与受赠人就捐赠财产的种类、质量、数量和用途等内容订立捐赠协议。捐赠人有权决定捐赠的数量、用途和方式。

捐赠人应当依法履行捐赠协议,按照捐赠协议约定的期限和方式将捐赠财产转移给受赠人。

第十三条 【对公益事业工程项目兴建的捐赠】捐赠人捐赠财产兴建公益事业工程项目,应当与受赠人订立捐赠协议,对工程项目的资金、建设、管理和使用作出约定。

捐赠的公益事业工程项目由受赠单位按照国家有关规定办理

项目审批手续,并组织施工或者由受赠人和捐赠人共同组织施工。工程质量应当符合国家质量标准。

捐赠的公益事业工程项目竣工后,受赠单位应当将工程建设、建设资金的使用和工程质量验收情况向捐赠人通报。

第十四条 【捐赠人权利】捐赠人对于捐赠的公益事业工程项目可以留名纪念;捐赠人单独捐赠的工程项目或者主要由捐赠人出资兴建的工程项目,可以由捐赠人提出工程项目的名称,报县级以上人民政府批准。

第十五条 【境外捐赠和华侨捐赠】境外捐赠人捐赠的财产,由受赠人按照国家有关规定办理入境手续;捐赠实行许可证管理的物品,由受赠人按照国家有关规定办理许可证申领手续,海关凭许可证验放、监管。

华侨向境内捐赠的,县级以上人民政府侨务部门可以协助办理有关入境手续,为捐赠人实施捐赠项目提供帮助。

第三章 捐赠财产的使用和管理

第十六条 【受赠手续】受赠人接受捐赠后,应当向捐赠人出具合法、有效的收据,将受赠财产登记造册,妥善保管。

第十七条 【受赠财产的使用和管理】公益性社会团体应当将受赠财产用于资助符合其宗旨的活动和事业。对于接受的救助灾害的捐赠财产,应当及时用于救助活动。基金会每年用于资助公益事业的资金数额,不得低于国家规定的比例。

公益性社会团体应当严格遵守国家的有关规定,按照合法、安全、有效的原则,积极实现捐赠财产的保值增值。

公益性非营利的事业单位应当将受赠财产用于发展本单位的

公益事业,不得挪作他用。

对于不易储存、运输和超过实际需要的受赠财产,受赠人可以变卖,所取得的全部收入,应当用于捐赠目的。

第十八条 【用途约定】受赠人与捐赠人订立了捐赠协议的,应当按照协议约定的用途使用捐赠财产,不得擅自改变捐赠财产的用途。如果确需改变用途的,应当征得捐赠人的同意。

第十九条 【管理制度的建立】受赠人应当依照国家有关规定,建立健全财务会计制度和受赠财产的使用制度,加强对受赠财产的管理。

第二十条 【对受赠财产的监督】受赠人每年度应当向政府有关部门报告受赠财产的使用、管理情况,接受监督。必要时,政府有关部门可以对其财务进行审计。

海关对减免关税的捐赠物品依法实施监督和管理。

县级以上人民政府侨务部门可以参与对华侨向境内捐赠财产使用与管理的监督。

第二十一条 【捐赠人对财产的查询权】捐赠人有权向受赠人查询捐赠财产的使用、管理情况,并提出意见和建议。对于捐赠人的查询,受赠人应当如实答复。

第二十二条 【受赠财产使用、管理情况公开】受赠人应当公开接受捐赠的情况和受赠财产的使用、管理情况,接受社会监督。

第二十三条 【公益团体及资金管理】公益性社会团体应当厉行节约,降低管理成本,工作人员的工资和办公费用从利息等收入中按照国家规定的标准开支。

第四章 优惠措施

第二十四条 【享受企业所得税方面的优惠及情形】公司和

其他企业依照本法的规定捐赠财产用于公益事业,依照法律、行政法规的规定享受企业所得税方面的优惠。

第二十五条 【享受个人所得税优惠的情形】自然人和个体工商户依照本法的规定捐赠财产用于公益事业,依照法律、行政法规的规定享受个人所得税方面的优惠。

第二十六条 【享受关税、进口增值税优惠的情形】境外向公益性社会团体和公益性非营利的事业单位捐赠的用于公益事业的物资,依照法律、行政法规的规定减征或者免征进口关税和进口环节的增值税。

第二十七条 【政府支持和优惠】对于捐赠的工程项目,当地人民政府应当给予支持和优惠。

第五章 法 律 责 任

第二十八条 【对擅自改变捐赠财产用途的处罚】受赠人未征得捐赠人的许可,擅自改变捐赠财产的性质、用途的,由县级以上人民政府有关部门责令改正,给予警告。拒不改正的,经征求捐赠人的意见,由县级以上人民政府将捐赠财产交由与其宗旨相同或者相似的公益性社会团体或者公益性非营利的事业单位管理。

第二十九条 【对挪用、侵占或贪污捐赠款物的处罚】挪用、侵占或者贪污捐赠款物的,由县级以上人民政府有关部门责令退还所用、所得款物,并处以罚款;对直接责任人员,由所在单位依照有关规定予以处理;构成犯罪的,依法追究刑事责任。

依照前款追回、追缴的捐赠款物,应当用于原捐赠目的和用途。

第三十条 【捐赠活动中违反有关外汇、海关等法律、法规的

处罚】在捐赠活动中，有下列行为之一的，依照法律、法规的有关规定予以处罚；构成犯罪的，依法追究刑事责任：

（一）逃汇、骗购外汇的；

（二）偷税、逃税的；

（三）进行走私活动的；

（四）未经海关许可并且未补缴应缴税额，擅自将减税、免税进口的捐赠物资在境内销售、转让或者移作他用的。

第三十一条 【渎职处罚】受赠单位的工作人员，滥用职权，玩忽职守，徇私舞弊，致使捐赠财产造成重大损失的，由所在单位依照有关规定予以处理；构成犯罪的，依法追究刑事责任。

第六章 附 则

第三十二条 【施行日期】本法自1999年9月1日起施行。

中华人民共和国信托法

（2001年4月28日第九届全国人民代表大会常务委员会第二十一次会议通过 2001年4月28日中华人民共和国主席令第50号公布 自2001年10月1日起施行）

目 录

第一章 总 则

第一条 【立法目的】为了调整信托关系,规范信托行为,保护信托当事人的合法权益,促进信托事业的健康发展,制定本法。

第二条 【信托】本法所称信托,是指委托人基于对受托人的信任,将其财产权委托给受托人,由受托人按委托人的意愿以自己的名义,为受益人的利益或者特定目的,进行管理或者处分的行为。

第三条 【适用范围】委托人、受托人、受益人(以下统称信托当事人)在中华人民共和国境内进行民事、营业、公益信托活动,适用本法。

第四条 【具体办法】受托人采取信托机构形式从事信托活动,其组织和管理由国务院制定具体办法。

第五条 【信托活动必须守法】信托当事人进行信托活动,必须遵守法律、行政法规,遵循自愿、公平和诚实信用原则,不得损害国家利益和社会公共利益。

第二章 信托的设立

第六条 【信托目的的合法性】设立信托,必须有合法的信托目的。

第七条 【信托财产及其合法性】设立信托,必须有确定的信托财产,并且该信托财产必须是委托人合法所有的财产。

本法所称财产包括合法的财产权利。

第八条 【信托应采取书面形式】设立信托,应当采取书面形式。

书面形式包括信托合同、遗嘱或者法律、行政法规规定的其他书面文件等。

采取信托合同形式设立信托的,信托合同签订时,信托成立。采取其他书面形式设立信托的,受托人承诺信托时,信托成立。

第九条 【信托书面文件的载明事项】设立信托,其书面文件应当载明下列事项:

(一)信托目的;

(二)委托人、受托人的姓名或者名称、住所;

(三)受益人或者受益人范围;

(四)信托财产的范围、种类及状况;

(五)受益人取得信托利益的形式、方法。

除前款所列事项外,可以载明信托期限、信托财产的管理方法、受托人的报酬、新受托人的选任方式、信托终止事由等事项。

第十条 【信托登记】设立信托,对于信托财产,有关法律、行政法规规定应当办理登记手续的,应当依法办理信托登记。

未依照前款规定办理信托登记的,应当补办登记手续;不补办的，该信托不产生效力。

第十一条 【信托无效】有下列情形之一的，信托无效：

（一）信托目的违反法律、行政法规或者损害社会公共利益；

（二）信托财产不能确定；

（三）委托人以非法财产或者本法规定不得设立信托的财产设立信托；

（四）专以诉讼或者讨债为目的设立信托；

（五）受益人或者受益人范围不能确定；

（六）法律、行政法规规定的其他情形。

第十二条 【信托的撤销】委托人设立信托损害其债权人利益的，债权人有权申请人民法院撤销该信托。

人民法院依照前款规定撤销信托的，不影响善意受益人已经取得的信托利益。

本条第一款规定的申请权，自债权人知道或者应当知道撤销原因之日起一年内不行使的，归于消灭。

第十三条 【遗嘱信托】设立遗嘱信托，应当遵守继承法关于遗嘱的规定。

遗嘱指定的人拒绝或者无能力担任受托人的，由受益人另行选任受托人；受益人为无民事行为能力人或者限制民事行为能力人的，依法由其监护人代行选任。遗嘱对选任受托人另有规定的，从其规定。

第三章 信 托 财 产

第十四条 【信托财产的范围】受托人因承诺信托而取得的财产是信托财产。

受托人因信托财产的管理运用、处分或者其他情形而取得的财产,也归入信托财产。

法律、行政法规禁止流通的财产,不得作为信托财产。

法律、行政法规限制流通的财产,依法经有关主管部门批准后,可以作为信托财产。

第十五条 【信托财产与委托人其他财产的区别】信托财产与委托人未设立信托的其他财产相区别。设立信托后,委托人死亡或者依法解散、被依法撤销、被宣告破产时,委托人是惟一受益人的,信托终止,信托财产作为其遗产或者清算财产;委托人不是惟一受益人的,信托存续,信托财产不作为其遗产或者清算财产;但作为共同受益人的委托人死亡或者依法解散、被依法撤销、被宣告破产时,其信托受益权作为其遗产或者清算财产。

第十六条 【信托财产与受托人其他财产的区别】信托财产与属于受托人所有的财产(以下简称固有财产)相区别,不得归入受托人的固有财产或者成为固有财产的一部分。

受托人死亡或者依法解散、被依法撤销、被宣告破产而终止,信托财产不属于其遗产或者清算财产。

第十七条 【信托财产的强制执行】除因下列情形之一外,对信托财产不得强制执行:

(一)设立信托前债权人已对该信托财产享有优先受偿的权利,并依法行使该权利的;

(二)受托人处理信托事务所产生债务,债权人要求清偿该债务的;

(三)信托财产本身应担负的税款;

(四)法律规定的其他情形。

对于违反前款规定而强制执行信托财产,委托人、受托人或者受益人有权向人民法院提出异议。

第十八条 【债权债务的抵销】受托人管理运用、处分信托财产所产生的债权,不得与其固有财产产生的债务相抵销。

受托人管理运用、处分不同委托人的信托财产所产生的债权债务,不得相互抵销。

第四章 信托当事人

第一节 委 托 人

第十九条 【委托人的定义】委托人应当是具有完全民事行为能力的自然人、法人或者依法成立的其他组织。

第二十条 【委托人的了解权利】委托人有权了解其信托财产的管理运用、处分及收支情况,并有权要求受托人作出说明。

委托人有权查阅、抄录或者复制与其信托财产有关的信托帐目以及处理信托事务的其他文件。

第二十一条 【信托财产管理方法的调整】因设立信托时未能预见的特别事由,致使信托财产的管理方法不利于实现信托目的或者不符合受益人的利益时,委托人有权要求受托人调整该信托财产的管理方法。

第二十二条 【信托目的的违反】受托人违反信托目的处分信托财产或者因违背管理职责、处理信托事务不当致使信托财产受到损失的,委托人有权申请人民法院撤销该处分行为,并有权要求受托人恢复信托财产的原状或者予以赔偿;该信托财产的受让人明知是违反信托目的而接受该财产的,应当予以返还或者予以赔偿。

前款规定的申请权,自委托人知道或者应当知道撤销原因之日起一年内不行使的,归于消灭。

第二十三条 【解任受托人】受托人违反信托目的处分信托财产或者管理运用、处分信托财产有重大过失的,委托人有权依照信托文件的规定解任受托人,或者申请人民法院解任受托人。

第二节 受 托 人

第二十四条 【受托人的定义】受托人应当是具有完全民事行为能力的自然人、法人。

法律、行政法规对受托人的条件另有规定的,从其规定。

第二十五条 【受托人的义务】受托人应当遵守信托文件的规定,为受益人的最大利益处理信托事务。

受托人管理信托财产,必须恪尽职守,履行诚实、信用、谨慎、有效管理的义务。

第二十六条 【受托人与谋利】受托人除依照本法规定取得报酬外,不得利用信托财产为自己谋取利益。

受托人违反前款规定,利用信托财产为自己谋取利益的,所得利益归入信托财产。

第二十七条 【不得转为固有财产】受托人不得将信托财产转为其固有财产。受托人将信托财产转为其固有财产的,必须恢复该信托财产的原状;造成信托财产损失的,应当承担赔偿责任。

第二十八条 【相互交易】受托人不得将其固有财产与信托财产进行交易或者将不同委托人的信托财产进行相互交易,但信托文件另有规定或者经委托人或者受益人同意,并以公平的市场价格进行交易的除外。

受托人违反前款规定，造成信托财产损失的，应当承担赔偿责任。

第二十九条 【分别管理与记帐】受托人必须将信托财产与其固有财产分别管理、分别记帐，并将不同委托人的信托财产分别管理、分别记帐。

第三十条 【受托人的再委托】受托人应当自己处理信托事务，但信托文件另有规定或者有不得已事由的，可以委托他人代为处理。

受托人依法将信托事务委托他人代理的，应当对他人处理信托事务的行为承担责任。

第三十一条 【共同受托人】同一信托的受托人有两个以上的，为共同受托人。

共同受托人应当共同处理信托事务，但信托文件规定对某些具体事务由受托人分别处理的，从其规定。

共同受托人共同处理信托事务，意见不一致时，按信托文件规定处理；信托文件未规定的，由委托人、受益人或者其利害关系人决定。

第三十二条 【连带赔偿责任】共同受托人处理信托事务对第三人所负债务，应当承担连带清偿责任。第三人对共同受托人之一所作的意思表示，对其他受托人同样有效。

共同受托人之一违反信托目的处分信托财产或者因违背管理职责、处理信托事务不当致使信托财产受到损失的，其他受托人应当承担连带赔偿责任。

第三十三条 【记录与报告】受托人必须保存处理信托事务的完整记录。

受托人应当每年定期将信托财产的管理运用、处分及收支情况，报告委托人和受益人。

受托人对委托人、受益人以及处理信托事务的情况和资料负有依法保密的义务。

第三十四条 【受托人的支付义务】受托人以信托财产为限向受益人承担支付信托利益的义务。

第三十五条 【受托人的报酬】受托人有权依照信托文件的约定取得报酬。信托文件未作事先约定的，经信托当事人协商同意，可以作出补充约定；未作事先约定和补充约定的，不得收取报酬。

约定的报酬经信托当事人协商同意，可以增减其数额。

第三十六条 【不得请求给付报酬】受托人违反信托目的处分信托财产或者因违背管理职责、处理信托事务不当致使信托财产受到损失的，在未恢复信托财产的原状或者未予赔偿前，不得请求给付报酬。

第三十七条 【优先受偿与损失承担】受托人因处理信托事务所支出的费用、对第三人所负债务，以信托财产承担。受托人以其固有财产先行支付的，对信托财产享有优先受偿的权利。

受托人违背管理职责或者处理信托事务不当对第三人所负债务或者自己所受到的损失，以其固有财产承担。

第三十八条 【受托人的辞任】设立信托后，经委托人和受益人同意，受托人可以辞任。本法对公益信托的受托人辞任另有规定的，从其规定。

受托人辞任的，在新受托人选出前仍应履行管理信托事务的职责。

第三十九条 【受托人职责终止】受托人有下列情形之一的，其职责终止：

（一）死亡或者被依法宣告死亡；

（二）被依法宣告为无民事行为能力人或者限制民事行为能力人；

（三）被依法撤销或者被宣告破产；

（四）依法解散或者法定资格丧失；

（五）辞任或者被解任；

（六）法律、行政法规规定的其他情形。

受托人职责终止时，其继承人或者遗产管理人、监护人、清算人应当妥善保管信托财产，协助新受托人接管信托事务。

第四十条 【新受托人的选任】受托人职责终止的，依照信托文件规定选任新受托人；信托文件未规定的，由委托人选任；委托人不指定或者无能力指定的，由受益人选任；受益人为无民事行为能力人或者限制民事行为能力人的，依法由其监护人代行选任。

原受托人处理信托事务的权利和义务，由新受托人承继。

第四十一条 【受托人职责终止的责任】受托人有本法第三十九条第一款第（三）项至第（六）项所列情形之一，职责终止的，应当作出处理信托事务的报告，并向新受托人办理信托财产和信托事务的移交手续。

前款报告经委托人或者受益人认可，原受托人就报告中所列事项解除责任。但原受托人有不正当行为的除外。

第四十二条 【共同受托人之一职责终止后的信托财产管理和处分】共同受托人之一职责终止的，信托财产由其他受托人管理和处分。

第三节 受 益 人

第四十三条 【受益人】受益人是在信托中享有信托受益权

的人。受益人可以是自然人、法人或者依法成立的其他组织。

委托人可以是受益人,也可以是同一信托的惟一受益人。

受托人可以是受益人,但不得是同一信托的惟一受益人。

第四十四条 【信托受益权的起始】受益人自信托生效之日起享有信托受益权。信托文件另有规定的,从其规定。

第四十五条 【共同受益人信托利益的享有】共同受益人按照信托文件的规定享受信托利益。信托文件对信托利益的分配比例或者分配方法未作规定的,各受益人按照均等的比例享受信托利益。

第四十六条 【信托受益权的放弃】受益人可以放弃信托受益权。

全体受益人放弃信托受益权的,信托终止。

部分受益人放弃信托受益权的,被放弃的信托受益权按下列顺序确定归属:

(一)信托文件规定的人;

(二)其他受益人;

(三)委托人或者其继承人。

第四十七条 【信托受益权与受益人债务清偿】受益人不能清偿到期债务的,其信托受益权可以用于清偿债务,但法律、行政法规以及信托文件有限制性规定的除外。

第四十八条 【信托受益权的转让和继承】受益人的信托受益权可以依法转让和继承,但信托文件有限制性规定的除外。

第四十九条 【法院的裁定】受益人可以行使本法第二十条至第二十三条规定的委托人享有的权利。受益人行使上述权利,与委托人意见不一致时,可以申请人民法院作出裁定。

受托人有本法第二十二条第一款所列行为,共同受益人之一申请人民法院撤销该处分行为的，人民法院所作出的撤销裁定，对全体共同受益人有效。

第五章 信托的变更与终止

第五十条 【解除信托】委托人是惟一受益人的，委托人或者其继承人可以解除信托。信托文件另有规定的，从其规定。

第五十一条 【委托人变更受益人与处分受益权】设立信托后，有下列情形之一的，委托人可以变更受益人或者处分受益人的信托受益权：

（一）受益人对委托人有重大侵权行为；

（二）受益人对其他共同受益人有重大侵权行为；

（三）经受益人同意；

（四）信托文件规定的其他情形。

有前款第（一）项、第（三）项、第（四）项所列情形之一的，委托人可以解除信托。

第五十二条 【信托不终止的情形】信托不因委托人或者受托人的死亡、丧失民事行为能力、依法解散、被依法撤销或者被宣告破产而终止，也不因受托人的辞任而终止。但本法或者信托文件另有规定的除外。

第五十三条 【信托终止的情形】有下列情形之一的，信托终止：

（一）信托文件规定的终止事由发生；

（二）信托的存续违反信托目的；

（三）信托目的已经实现或者不能实现；

（四）信托当事人协商同意；

（五）信托被撤销；

（六）信托被解除。

第五十四条　【信托财产的归属】信托终止的，信托财产归属于信托文件规定的人；信托文件未规定的，按下列顺序确定归属：

（一）受益人或者其继承人；

（二）委托人或者其继承人。

第五十五条　【信托财产归属确定的后果】依照前条规定，信托财产的归属确定后，在该信托财产转移给权利归属人的过程中，信托视为存续，权利归属人视为受益人。

第五十六条　【信托终止后的信托财产的被执行】信托终止后，人民法院依据本法第十七条的规定对原信托财产进行强制执行的，以权利归属人为被执行人。

第五十七条　【信托终止后受托人报酬的请求】信托终止后，受托人依照本法规定行使请求给付报酬、从信托财产中获得补偿的权利时，可以留置信托财产或者对信托财产的权利归属人提出请求。

第五十八条　【清算报告】信托终止的，受托人应当作出处理信托事务的清算报告。受益人或者信托财产的权利归属人对清算报告无异议的，受托人就清算报告所列事项解除责任。但受托人有不正当行为的除外。

第六章　公益信托

第五十九条　【公益信托的法律适用】公益信托适用本章规定。本章未规定的，适用本法及其他相关法律的规定。

第六十条　【公益信托的范围】为了下列公共利益目的之一

而设立的信托，属于公益信托：

（一）救济贫困；

（二）救助灾民；

（三）扶助残疾人；

（四）发展教育、科技、文化、艺术、体育事业；

（五）发展医疗卫生事业；

（六）发展环境保护事业，维护生态环境；

（七）发展其他社会公益事业。

第六十一条　【国家鼓励发展公益信托】国家鼓励发展公益信托。

第六十二条　【公益信托的批准】公益信托的设立和确定其受托人，应当经有关公益事业的管理机构（以下简称公益事业管理机构）批准。

未经公益事业管理机构的批准，不得以公益信托的名义进行活动。

公益事业管理机构对于公益信托活动应当给予支持。

第六十三条　【公益信托财产及其收益的使用】公益信托的信托财产及其收益，不得用于非公益目的。

第六十四条　【信托监察人】公益信托应当设置信托监察人。

信托监察人由信托文件规定。信托文件未规定的，由公益事业管理机构指定。

第六十五条　【信托监察人的权利】信托监察人有权以自己的名义，为维护受益人的利益，提起诉讼或者实施其他法律行为。

第六十六条　【公益信托人的辞任】公益信托的受托人未经公益事业管理机构批准，不得辞任。

第六十七条　【公益信托的检查、报告与公告】公益事业管理机构应当检查受托人处理公益信托事务的情况及财产状况。

受托人应当至少每年一次作出信托事务处理情况及财产状况报告，经信托监察人认可后，报公益事业管理机构核准，并由受托人予以公告。

第六十八条 【公益信托受托人的变更】公益信托的受托人违反信托义务或者无能力履行其职责的，由公益事业管理机构变更受托人。

第六十九条 【变更信托文件】公益信托成立后，发生设立信托时不能预见的情形，公益事业管理机构可以根据信托目的，变更信托文件中的有关条款。

第七十条 【终止报告】公益信托终止的，受托人应当于终止事由发生之日起十五日内，将终止事由和终止日期报告公益事业管理机构。

第七十一条 【公益信托终止的清算报告与公告】公益信托终止的，受托人作出的处理信托事务的清算报告，应当经信托监察人认可后，报公益事业管理机构核准，并由受托人予以公告。

第七十二条 【公益信托终止后信托财产的处理】公益信托终止，没有信托财产权利归属人或者信托财产权利归属人是不特定的社会公众的，经公益事业管理机构批准，受托人应当将信托财产用于与原公益目的相近似的目的，或者将信托财产转移给具有近似目的的公益组织或者其他公益信托。

第七十三条 【公益信托的委托人、受托人或受益人的诉权】公益事业管理机构违反本法规定的，委托人、受托人或者受益人有权向人民法院起诉。

第七章 附 则

第七十四条 【施行日期】本法自 2001 年 10 月 1 日起施行。

中华人民共和国红十字会法

（1993年10月31日第八届全国人民代表大会常务委员会第四次会议通过　根据2009年8月27日第十一届全国人民代表大会常务委员会第十次会议《关于修改部分法律的决定》修正　2017年2月24日第十二届全国人民代表大会常务委员会第二十六次会议修订）

目　　录

第一章　总　　则

第一条　【立法目的】为了保护人的生命和健康，维护人的尊严，发扬人道主义精神，促进和平进步事业，保障和规范红十字会依法履行职责，制定本法。

第二条　【中国红十字会】中国红十字会是中华人民共和国

统一的红十字组织,是从事人道主义工作的社会救助团体。

第三条 【参加红十字会】中华人民共和国公民,不分民族、种族、性别、职业、宗教信仰、教育程度,承认中国红十字会章程并缴纳会费的,可以自愿参加中国红十字会。

企业、事业单位及有关团体通过申请可以成为红十字会的团体会员。

国家鼓励自然人、法人以及其他组织参与红十字志愿服务。

国家支持在学校开展红十字青少年工作。

第四条 【红十字会章程】中国红十字会应当遵守宪法和法律,遵循国际红十字和红新月运动确立的基本原则,依照中国批准或者加入的日内瓦公约及其附加议定书和中国红十字会章程,独立自主地开展工作。

中国红十字会全国会员代表大会依法制定或者修改中国红十字会章程,章程不得与宪法和法律相抵触。

第五条 【政府支持与监督】各级人民政府对红十字会给予支持和资助,保障红十字会依法履行职责,并对其活动进行监督。

第六条 【对外关系原则】中国红十字会根据独立、平等、互相尊重的原则,发展同各国红十字会和红新月会的友好合作关系。

第二章 组 织

第七条 【各级红十字会建制】全国建立中国红十字会总会。中国红十字会总会对外代表中国红十字会。

县级以上地方按行政区域建立地方各级红十字会,根据实际工作需要配备专职工作人员。

全国性行业根据需要可以建立行业红十字会。

上级红十字会指导下级红十字会工作。

第八条 【理事会、监事会的产生及职权】各级红十字会设立理事会、监事会。理事会、监事会由会员代表大会选举产生,向会员代表大会负责并报告工作,接受其监督。

理事会民主选举产生会长和副会长。理事会执行会员代表大会的决议。

执行委员会是理事会的常设执行机构,其人员组成由理事会决定,向理事会负责并报告工作。

监事会民主推选产生监事长和副监事长。理事会、执行委员会工作受监事会监督。

第九条 【名誉会长、副会长】中国红十字会总会可以设名誉会长和名誉副会长。名誉会长和名誉副会长由中国红十字会总会理事会聘请。

第十条 【法人资格】中国红十字会总会具有社会团体法人资格;地方各级红十字会、行业红十字会依法取得社会团体法人资格。

第三章 职 责

第十一条 【红十字会职责】红十字会履行下列职责:

(一)开展救援、救灾的相关工作,建立红十字应急救援体系。在战争、武装冲突和自然灾害、事故灾难、公共卫生事件等突发事件中,对伤病人员和其他受害者提供紧急救援和人道救助;

(二)开展应急救护培训,普及应急救护、防灾避险和卫生健康知识,组织志愿者参与现场救护;

(三)参与、推动无偿献血、遗体和人体器官捐献工作,参与开展造血干细胞捐献的相关工作；

（四）组织开展红十字志愿服务、红十字青少年工作；

（五）参加国际人道主义救援工作；

（六）宣传国际红十字和红新月运动的基本原则和日内瓦公约及其附加议定书；

（七）依照国际红十字和红新月运动的基本原则，完成人民政府委托事宜；

（八）依照日内瓦公约及其附加议定书的有关规定开展工作；

（九）协助人民政府开展与其职责相关的其他人道主义服务活动。

第十二条　【优先通行】在战争、武装冲突和自然灾害、事故灾难、公共卫生事件等突发事件中，执行救援、救助任务并标有红十字标志的人员、物资和交通工具有优先通行的权利。

第十三条　【不得阻碍红十字会工作人员依法履职】任何组织和个人不得阻碍红十字会工作人员依法履行救援、救助、救护职责。

第四章　标志与名称

第十四条　【标志及作用】中国红十字会使用白底红十字标志。

红十字标志具有保护作用和标明作用。

红十字标志的保护使用，是标示在战争、武装冲突中必须受到尊重和保护的人员和设备、设施。其使用办法，依照日内瓦公约及其附加议定书的有关规定执行。

红十字标志的标明使用，是标示与红十字活动有关的人或者物。其使用办法,由国务院和中央军事委员会依据本法规定。

第十五条 【国家武装力量的医疗卫生机构使用红十字标志】国家武装力量的医疗卫生机构使用红十字标志,应当符合日内瓦公约及其附加议定书的有关规定。

第十六条 【红十字标志和名称的法律保护】红十字标志和名称受法律保护。禁止利用红十字标志和名称牟利,禁止以任何形式冒用、滥用、篡改红十字标志和名称。

第五章 财产与监管

第十七条 【财产来源】红十字会财产的主要来源:

(一)红十字会会员缴纳的会费;

(二)境内外组织和个人捐赠的款物;

(三)动产和不动产的收入;

(四)人民政府的拨款;

(五)其他合法收入。

第十八条 【国家扶持】国家对红十字会兴办的与其宗旨相符的公益事业给予扶持。

第十九条 【募捐】红十字会可以依法进行募捐活动。募捐活动应当符合《中华人民共和国慈善法》的有关规定。

第二十条 【捐赠票据、记录及税收优惠】红十字会依法接受自然人、法人以及其他组织捐赠的款物,应当向捐赠人开具由财政部门统一监(印)制的公益事业捐赠票据。捐赠人匿名或者放弃接受捐赠票据的,红十字会应当做好相关记录。

捐赠人依法享受税收优惠。

第二十一条 【捐赠款物的处分与监督】红十字会应当按照

募捐方案、捐赠人意愿或者捐赠协议处分其接受的捐赠款物。

捐赠人有权查询、复制其捐赠财产管理使用的有关资料，红十字会应当及时主动向捐赠人反馈有关情况。

红十字会违反募捐方案、捐赠人意愿或者捐赠协议约定的用途，滥用捐赠财产的，捐赠人有权要求其改正；拒不改正的，捐赠人可以向人民政府民政部门投诉、举报或者向人民法院提起诉讼。

第二十二条　【财务监督】红十字会应当建立财务管理、内部控制、审计公开和监督检查制度。

红十字会的财产使用应当与其宗旨相一致。

红十字会对接受的境外捐赠款物，应当建立专项审查监督制度。

红十字会应当及时聘请依法设立的独立第三方机构，对捐赠款物的收入和使用情况进行审计，将审计结果向红十字会理事会和监事会报告，并向社会公布。

第二十三条　【信息公开】红十字会应当建立健全信息公开制度，规范信息发布，在统一的信息平台及时向社会公布捐赠款物的收入和使用情况，接受社会监督。

第二十四条　【审计、民政监督】红十字会财产的收入和使用情况依法接受人民政府审计等部门的监督。

红十字会接受社会捐赠及其使用情况，依法接受人民政府民政部门的监督。

第二十五条　【红十字会的财产不得侵占】任何组织和个人不得私分、挪用、截留或者侵占红十字会的财产。

第六章　法律责任

第二十六条　【红十字会及其工作人员的违法责任】红十字

会及其工作人员有下列情形之一的,由同级人民政府审计、民政等部门责令改正;情节严重的,对直接负责的主管人员和其他直接责任人员依法给予处分;造成损害的,依法承担民事责任;构成犯罪的,依法追究刑事责任:

(一)违背募捐方案、捐赠人意愿或者捐赠协议,擅自处分其接受的捐赠款物的;

(二)私分、挪用、截留或者侵占财产的;

(三)未依法向捐赠人反馈情况或者开具捐赠票据的;

(四)未依法对捐赠款物的收入和使用情况进行审计的;

(五)未依法公开信息的;

(六)法律、法规规定的其他情形。

第二十七条 【自然人、法人或其他组织的违法责任】自然人、法人或者其他组织有下列情形之一,造成损害的,依法承担民事责任;构成违反治安管理行为的,依法给予治安管理处罚;构成犯罪的,依法追究刑事责任:

(一)冒用、滥用、篡改红十字标志和名称的;

(二)利用红十字标志和名称牟利的;

(三)制造、发布、传播虚假信息,损害红十字会名誉的;

(四)盗窃、损毁或者以其他方式侵害红十字会财产的;

(五)阻碍红十字会工作人员依法履行救援、救助、救护职责的;

(六)法律、法规规定的其他情形。

红十字会及其工作人员有前款第一项、第二项所列行为的,按照前款规定处罚。

第二十八条 【政府部门及其工作人员的违法责任】各级人民政府有关部门及其工作人员在实施监督管理中滥用职权、玩忽职守、徇私舞弊的，对直接负责的主管人员和其他直接责任人员依法给予处分；构成犯罪的，依法追究刑事责任。

第七章　附　则

第二十九条　【名词解释】本法所称“国际红十字和红新月运动确立的基本原则”，是指一九八六年十月日内瓦国际红十字大会第二十五次会议通过的“国际红十字和红新月运动章程”中确立的人道、公正、中立、独立、志愿服务、统一和普遍七项基本原则。

本法所称“日内瓦公约”，是指中国批准的于一九四九年八月十二日订立的日内瓦四公约，即：《改善战地武装部队伤者病者境遇之日内瓦公约》、《改善海上武装部队伤者病者及遇船难者境遇之日内瓦公约》、《关于战俘待遇之日内瓦公约》和《关于战时保护平民之日内瓦公约》。

本法所称日内瓦公约“附加议定书”，是指中国加入的于一九七七年六月八日订立的《一九四九年八月十二日日内瓦四公约关于保护国际性武装冲突受难者的附加议定书》和《一九四九年八月十二日日内瓦四公约关于保护非国际性武装冲突受难者的附加议定书》。

第三十条　【施行日期】本法自2017年5月8日起施行。

中华人民共和国
境外非政府组织境内活动管理法

（2016 年 4 月 28 日第十二届全国人民代表大会常务委员会第二十次会议通过　根据 2017 年 11 月 4 日第十二届全国人民代表大会常务委员会第三十次会议《关于修改〈中华人民共和国会计法〉等十一部法律的决定》修正）

目　　录

第一章　总　　则

第一条　**【立法目的】**为了规范、引导境外非政府组织在中国境内的活动，保障其合法权益，促进交流与合作，制定本法。

第二条　**【适用主体】**境外非政府组织在中国境内开展活动适用本法。

本法所称境外非政府组织，是指在境外合法成立的基金会、社会团体、智库机构等非营利、非政府的社会组织。

第三条 【活动范围】境外非政府组织依照本法可以在经济、教育、科技、文化、卫生、体育、环保等领域和济困、救灾等方面开展有利于公益事业发展的活动。

第四条 【依法开展活动受法律保护】境外非政府组织在中国境内依法开展活动，受法律保护。

第五条 【境外非政府组织的禁止行为】境外非政府组织在中国境内开展活动应当遵守中国法律，不得危害中国的国家统一、安全和民族团结，不得损害中国国家利益、社会公共利益和公民、法人以及其他组织的合法权益。

境外非政府组织在中国境内不得从事或者资助营利性活动、政治活动，不得非法从事或者资助宗教活动。

第六条 【登记与业务主管机关】国务院公安部门和省级人民政府公安机关，是境外非政府组织在中国境内开展活动的登记管理机关。

国务院有关部门和单位、省级人民政府有关部门和单位，是境外非政府组织在中国境内开展活动的相应业务主管单位。

第七条 【监督管理主管机关与协调机制】县级以上人民政府公安机关和有关部门在各自职责范围内对境外非政府组织在中国境内开展活动依法实施监督管理、提供服务。

国家建立境外非政府组织监督管理工作协调机制，负责研究、协调、解决境外非政府组织在中国境内开展活动监督管理和服务便利中的重大问题。

第八条 【表彰公益贡献】国家对为中国公益事业发展做出突出贡献的境外非政府组织给予表彰。

第二章 登记和备案

第九条 【依法登记、设立代表机构】境外非政府组织在中国境内开展活动，应当依法登记设立代表机构；未登记设立代表机构需要在中国境内开展临时活动的，应当依法备案。

境外非政府组织未登记设立代表机构、开展临时活动未经备案的，不得在中国境内开展或者变相开展活动，不得委托、资助或者变相委托、资助中国境内任何单位和个人在中国境内开展活动。

第十条 【申请设立代表机构的条件】境外非政府组织符合下列条件，根据业务范围、活动地域和开展活动的需要，可以申请在中国境内登记设立代表机构：

（一）在境外合法成立；

（二）能够独立承担民事责任；

（三）章程规定的宗旨和业务范围有利于公益事业发展；

（四）在境外存续二年以上并实质性开展活动；

（五）法律、行政法规规定的其他条件。

第十一条 【设立代表机构须经主管单位同意】境外非政府组织申请登记设立代表机构，应当经业务主管单位同意。

业务主管单位的名录由国务院公安部门和省级人民政府公安机关会同有关部门公布。

第十二条 【提交文件、材料】境外非政府组织应当自业务主管单位同意之日起三十日内，向登记管理机关申请设立代表机构登记。申请设立代表机构登记，应当向登记管理机关提交下列文件、材料：

（一）申请书；

（二）符合本法第十条规定的证明文件、材料；

（三）拟设代表机构首席代表的身份证明、简历及其无犯罪记录证明材料或者声明；

（四）拟设代表机构的住所证明材料；

（五）资金来源证明材料；

（六）业务主管单位的同意文件；

（七）法律、行政法规规定的其他文件、材料。

登记管理机关审查境外非政府组织代表机构设立申请，根据需要可以组织专家进行评估。

登记管理机关应当自受理申请之日起六十日内作出准予登记或者不予登记的决定。

第十三条 【登记证书及后续事项】对准予登记的境外非政府组织代表机构，登记管理机关发给登记证书，并向社会公告。登记事项包括：

（一）名称；

（二）住所；

（三）业务范围；

（四）活动地域；

（五）首席代表；

（六）业务主管单位。

境外非政府组织代表机构凭登记证书依法办理税务登记，刻制印章，在中国境内的银行开立银行账户，并将税务登记证件复印件、印章式样以及银行账户报登记管理机关备案。

第十四条 【变更登记】境外非政府组织代表机构需要变更登记事项的，应当自业务主管单位同意之日起三十日内，向登记管理机关申请变更登记。

第十五条 【注销登记】有下列情形之一的，境外非政府组织代表机构由登记管理机关注销登记，并向社会公告：

（一）境外非政府组织撤销代表机构的；

（二）境外非政府组织终止的；

（三）境外非政府组织代表机构依法被撤销登记或者吊销登记证书的；

（四）由于其他原因终止的。

境外非政府组织代表机构注销登记后，设立该代表机构的境外非政府组织应当妥善办理善后事宜。境外非政府组织代表机构不具有法人资格，涉及相关法律责任的，由该境外非政府组织承担。

第十六条 【未设代表机构开展临时活动应与中方合作】境外非政府组织未在中国境内设立代表机构，在中国境内开展临时活动的，应当与中国的国家机关、人民团体、事业单位、社会组织（以下称中方合作单位）合作进行。

第十七条 【临时活动审批备案】境外非政府组织开展临时活动，中方合作单位应当按照国家规定办理审批手续，并在开展临时活动十五日前向其所在地的登记管理机关备案。备案应当提交下列文件、材料：

（一）境外非政府组织合法成立的证明文件、材料；

（二）境外非政府组织与中方合作单位的书面协议；

（三）临时活动的名称、宗旨、地域和期限等相关材料；

（四）项目经费、资金来源证明材料及中方合作单位的银行账户；

（五）中方合作单位获得批准的文件；

（六）法律、行政法规规定的其他文件、材料。

在赈灾、救援等紧急情况下，需要开展临时活动的，备案时间不受前款规定的限制。

临时活动期限不超过一年，确实需要延长期限的，应当重新备案。

登记管理机关认为备案的临时活动不符合本法第五条规定的，应当及时通知中方合作单位停止临时活动。

第三章　活动规范

第十八条　【依登记开展活动】境外非政府组织代表机构应当以登记的名称，在登记的业务范围和活动地域内开展活动。

境外非政府组织不得在中国境内设立分支机构，国务院另有规定的除外。

第十九条　【活动计划上报及备案】境外非政府组织代表机构应当于每年12月31日前将包含项目实施、资金使用等内容的下一年度活动计划报业务主管单位，业务主管单位同意后十日内报登记管理机关备案。特殊情况下需要调整活动计划的，应当及时向登记管理机关备案。

第二十条　【禁止附加违法条件】境外非政府组织在中国境内开展活动不得对中方合作单位、受益人附加违反中国法律法规的条件。

第二十一条　【活动资金来源及限制】境外非政府组织在中国境内活动资金包括：

（一）境外合法来源的资金；

（二）中国境内的银行存款利息；

（三）中国境内合法取得的其他资金。

境外非政府组织在中国境内活动不得取得或者使用前款规定以外的资金。

境外非政府组织及其代表机构不得在中国境内进行募捐。

第二十二条 【资金管理】设立代表机构的境外非政府组织应当通过代表机构在登记管理机关备案的银行账户管理用于中国境内的资金。

开展临时活动的境外非政府组织应当通过中方合作单位的银行账户管理用于中国境内的资金,实行单独记账,专款专用。

未经前两款规定的银行账户,境外非政府组织、中方合作单位和个人不得以其他任何形式在中国境内进行项目活动资金的收付。

第二十三条 【依登记或约定使用资金】境外非政府组织应当按照代表机构登记的业务范围、活动地域或者与中方合作单位协议的约定使用资金。

第二十四条 【执行中国统一会计制度】境外非政府组织代表机构应当执行中国统一的会计制度。财务会计报告应当经中国境内会计师事务所审计。

第二十五条 【依中国规定办理外汇收支】境外非政府组织在中国境内开展活动,应当按照中国有关外汇管理的规定办理外汇收支。

第二十六条 【依法纳税】境外非政府组织代表机构应当依法办理税务登记、纳税申报和税款缴纳等事项。

第二十七条 【人员聘用】境外非政府组织代表机构在中国境内聘用工作人员应当遵守法律、行政法规,并将聘用的工作人员信息报业务主管单位和登记管理机关备案。

第二十八条 【不得发展会员】境外非政府组织代表机构、开展临时活动的境外非政府组织不得在中国境内发展会员,国务院另有规定的除外。

第二十九条 【首席代表、代表】境外非政府组织代表机构应当设一名首席代表,可以根据业务需要设一至三名代表。

有下列情形之一的,不得担任首席代表、代表:

(一)无民事行为能力或者限制民事行为能力的;

(二)有犯罪记录的;

(三)依法被撤销登记、吊销登记证书的代表机构的首席代表、代表,自被撤销、吊销之日起未逾五年的;

(四)法律、行政法规规定的其他情形。

第三十条 【开展临时活动】开展临时活动的境外非政府组织,应当以经备案的名称开展活动。

境外非政府组织、中方合作单位应当于临时活动结束后三十日内将活动情况、资金使用情况等书面报送登记管理机关。

第三十一条 【报送年度工作报告】境外非政府组织代表机构应当于每年 1 月 31 日前向业务主管单位报送上一年度工作报告,经业务主管单位出具意见后,于 3 月 31 日前报送登记管理机关,接受年度检查。

年度工作报告应当包括经审计的财务会计报告、开展活动的情况以及人员和机构变动的情况等内容。

境外非政府组织代表机构应当将年度工作报告在登记管理机关统一的网站上向社会公开。

第三十二条 【不得代理或接受未登记、备案的境外非政府组织的委托、资助】中国境内任何单位和个人不得接受未登记代表机构、开展临时活动未经备案的境外非政府组织的委托、资助,代理或者变相代理境外非政府组织在中国境内开展活动。

第四章 便 利 措 施

第三十三条 【国家对合法活动提供便利】国家保障和支持境外非政府组织在中国境内依法开展活动。各级人民政府有关部门应当为境外非政府组织在中国境内依法开展活动提供必要的便利和服务。

第三十四条 【公安部门提供活动指引】国务院公安部门和省级人民政府公安机关会同有关部门制定境外非政府组织活动领域和项目目录,公布业务主管单位名录,为境外非政府组织开展活动提供指引。

第三十五条 【有关部门应提供政策咨询、活动指导及公开程序】县级以上人民政府有关部门应当依法为境外非政府组织提供政策咨询、活动指导服务。

登记管理机关应当通过统一的网站,公布境外非政府组织申请设立代表机构以及开展临时活动备案的程序,供境外非政府组织查询。

第三十六条 【税收优惠】境外非政府组织代表机构依法享受税收优惠等政策。

第三十七条 【禁止收取年度检查费用】对境外非政府组织代表机构进行年度检查不得收取费用。

第三十八条 【代表工作手续办理】境外非政府组织代表机构首席代表和代表中的境外人员,可以凭登记证书、代表证明文件等依法办理就业等工作手续。

第五章 监 督 管 理

第三十九条 【监督管理主体】境外非政府组织在中国境内

开展活动，应当接受公安机关、有关部门和业务主管单位的监督管理。

第四十条 【业务主管单位的职责】业务主管单位负责对境外非政府组织设立代表机构、变更登记事项、年度工作报告提出意见，指导、监督境外非政府组织及其代表机构依法开展活动，协助公安机关等部门查处境外非政府组织及其代表机构的违法行为。

第四十一条 【公安机关职责及措施】公安机关负责境外非政府组织代表机构的登记、年度检查，境外非政府组织临时活动的备案，对境外非政府组织及其代表机构的违法行为进行查处。

公安机关履行监督管理职责，发现涉嫌违反本法规定行为的，可以依法采取下列措施：

（一）约谈境外非政府组织代表机构的首席代表以及其他负责人；

（二）进入境外非政府组织在中国境内的住所、活动场所进行现场检查；

（三）询问与被调查事件有关的单位和个人，要求其对与被调查事件有关的事项作出说明；

（四）查阅、复制与被调查事件有关的文件、资料，对可能被转移、销毁、隐匿或者篡改的文件、资料予以封存；

（五）查封或者扣押涉嫌违法活动的场所、设施或者财物。

第四十二条 【查询、冻结银行账户】公安机关可以查询与被调查事件有关的单位和个人的银行账户，有关金融机构、金融监督管理机构应当予以配合。对涉嫌违法活动的银行账户资金，经设区的市级以上人民政府公安机关负责人批准，可以提请人民法院依法冻结；对涉嫌犯罪的银行账户资金，依照《中华人民共和国刑事诉讼法》的规定采取冻结措施。

第四十三条 【各部门依职责监管】国家安全、外交外事、财政、金融监督管理、海关、税务、外国专家等部门按照各自职责对境外非政府组织及其代表机构依法实施监督管理。

第四十四条 【反洗钱部门的监管】国务院反洗钱行政主管部门依法对境外非政府组织代表机构、中方合作单位以及接受境外非政府组织资金的中国境内单位和个人开立、使用银行账户过程中遵守反洗钱和反恐怖主义融资法律规定的情况进行监督管理。

第六章 法 律 责 任

第四十五条 【给予警告或者责令限期停止活动的违法情形】境外非政府组织代表机构、开展临时活动的境外非政府组织或者中方合作单位有下列情形之一的，由设区的市级以上人民政府公安机关给予警告或者责令限期停止活动；没收非法财物和违法所得；情节严重的，由登记管理机关吊销登记证书、取缔临时活动：

（一）未按照规定办理变更登记、备案相关事项的；

（二）未按照登记或者备案的名称、业务范围、活动地域开展活动的；

（三）从事、资助营利性活动，进行募捐或者违反规定发展会员的；

（四）违反规定取得、使用资金，未按照规定开立、使用银行账户或者进行会计核算的；

（五）未按照规定报送年度活动计划、报送或者公开年度工作报告的；

（六）拒不接受或者不按照规定接受监督检查的。

境外非政府组织代表机构、开展临时活动的境外非政府组织或者中方合作单位以提供虚假材料等非法手段，取得代表机构登记证书或者进行临时活动备案的，或者有伪造、变造、买卖、出租、出借登记证书、印章行为的，依照前款规定处罚。

第四十六条 【取缔或责令停止违法行为的违法情形】有下列情形之一的，由设区的市级以上人民政府公安机关予以取缔或者责令停止违法行为；没收非法财物和违法所得；对直接责任人员给予警告，情节严重的，处十日以下拘留：

（一）未经登记、备案，以境外非政府组织代表机构、境外非政府组织名义开展活动的；

（二）被撤销登记、吊销登记证书或者注销登记后以境外非政府组织代表机构名义开展活动的；

（三）境外非政府组织临时活动期限届满或者临时活动被取缔后在中国境内开展活动的；

（四）境外非政府组织未登记代表机构、临时活动未备案，委托、资助中国境内单位和个人在中国境内开展活动的。

中国境内单位和个人明知境外非政府组织未登记代表机构、临时活动未备案，与其合作的，或者接受其委托、资助，代理或者变相代理其开展活动、进行项目活动资金收付的，依照前款规定处罚。

第四十七条 【吊销登记证书或取缔临时活动的违法情形】境外非政府组织、境外非政府组织代表机构有下列情形之一的，由登记管理机关吊销登记证书或者取缔临时活动；尚不构成犯罪的，由设区的市级以上人民政府公安机关对直接责任人员处十五日以下拘留：

（一）煽动抗拒法律、法规实施的；

（二）非法获取国家秘密的；

（三）造谣、诽谤或者发表、传播其他有害信息，危害国家安全或者损害国家利益的；

（四）从事或者资助政治活动，非法从事或者资助宗教活动的；

（五）有其他危害国家安全、损害国家利益或者社会公共利益情形的。

境外非政府组织、境外非政府组织代表机构有分裂国家、破坏国家统一、颠覆国家政权等犯罪行为的，由登记管理机关依照前款规定处罚，对直接责任人员依法追究刑事责任。

第四十八条　【五年惩罚期】境外非政府组织、境外非政府组织代表机构违反本法规定被撤销登记、吊销登记证书或者临时活动被取缔的，自被撤销、吊销、取缔之日起五年内，不得在中国境内再设立代表机构或者开展临时活动。

未登记代表机构或者临时活动未备案开展活动的境外非政府组织，自活动被取缔之日起五年内，不得在中国境内再设立代表机构或者开展临时活动。

有本法第四十七条规定情形之一的境外非政府组织，国务院公安部门可以将其列入不受欢迎的名单，不得在中国境内再设立代表机构或者开展临时活动。

第四十九条　【登记证书、印章的处理】境外非政府组织代表机构被责令限期停止活动的，由登记管理机关封存其登记证书、印章和财务凭证。对被撤销登记、吊销登记证书的，由登记管理机关收缴其登记证书、印章并公告作废。

第五十条　【境外人员违法的强制措施】境外人员违反本法

规定的,有关机关可以依法限期出境、遣送出境或者驱逐出境。

第五十一条　【监管人员的追责】公安机关、有关部门和业务主管单位及其工作人员在境外非政府组织监督管理工作中,不履行职责或者滥用职权、玩忽职守、徇私舞弊的,依法追究法律责任。

第五十二条　【违反治安管理行为的追责】违反本法规定,构成违反治安管理行为的,由公安机关依法给予治安管理处罚;构成犯罪的,依法追究刑事责任。

第七章　附　　则

第五十三条　【境外学校、医院、研究机构或学术组织的合作交流和违法追责适用国家有关规定】境外学校、医院、自然科学和工程技术的研究机构或者学术组织与境内学校、医院、自然科学和工程技术的研究机构或者学术组织开展交流合作,按照国家有关规定办理。

前款规定的境外学校、医院、机构和组织在中国境内的活动违反本法第五条规定的,依法追究法律责任。

第五十四条　【施行日期】本法自 2017 年 1 月 1 日起施行。

基金会管理条例

（2004年2月4日国务院第38次常务会议通过　2004年3月8日国务院令第400号公布　自2004年6月1日起施行）

第一章　总　　则

第一条　为了规范基金会的组织和活动，维护基金会、捐赠人和受益人的合法权益，促进社会力量参与公益事业，制定本条例。

第二条　本条例所称基金会，是指利用自然人、法人或者其他组织捐赠的财产，以从事公益事业为目的，按照本条例的规定成立的非营利性法人。

第三条　基金会分为面向公众募捐的基金会（以下简称公募基金会）和不得面向公众募捐的基金会（以下简称非公募基金会）。公募基金会按照募捐的地域范围，分为全国性公募基金会和地方性公募基金会。

第四条　基金会必须遵守宪法、法律、法规、规章和国家政策，不得危害国家安全、统一和民族团结，不得违背社会公德。

第五条　基金会依照章程从事公益活动，应当遵循公开、透明的原则。

第六条　国务院民政部门和省、自治区、直辖市人民政府民政部门是基金会的登记管理机关。

国务院民政部门负责下列基金会、基金会代表机构的登记管理工作：

（一）全国性公募基金会；

（二）拟由非内地居民担任法定代表人的基金会；

（三）原始基金超过 2000 万元，发起人向国务院民政部门提出设立申请的非公募基金会；

（四）境外基金会在中国内地设立的代表机构。

省、自治区、直辖市人民政府民政部门负责本行政区域内地方性公募基金会和不属于前款规定情况的非公募基金会的登记管理工作。

第七条 国务院有关部门或者国务院授权的组织，是国务院民政部门登记的基金会、境外基金会代表机构的业务主管单位。

省、自治区、直辖市人民政府有关部门或者省、自治区、直辖市人民政府授权的组织，是省、自治区、直辖市人民政府民政部门登记的基金会的业务主管单位。

第二章 设立、变更和注销

第八条 设立基金会，应当具备下列条件：

（一）为特定的公益目的而设立；

（二）全国性公募基金会的原始基金不低于 800 万元人民币，地方性公募基金会的原始基金不低于 400 万元人民币，非公募基金会的原始基金不低于 200 万元人民币；原始基金必须为到账货币资金；

（三）有规范的名称、章程、组织机构以及与其开展活动相适应的专职工作人员；

（四）有固定的住所；

（五）能够独立承担民事责任。

第九条 申请设立基金会，申请人应当向登记管理机关提交下列文件：

（一）申请书；

（二）章程草案；

（三）验资证明和住所证明；

（四）理事名单、身份证明以及拟任理事长、副理事长、秘书长简历；

（五）业务主管单位同意设立的文件。

第十条 基金会章程必须明确基金会的公益性质，不得规定使特定自然人、法人或者其他组织受益的内容。

基金会章程应当载明下列事项：

（一）名称及住所；

（二）设立宗旨和公益活动的业务范围；

（三）原始基金数额；

（四）理事会的组成、职权和议事规则，理事的资格、产生程序和任期；

（五）法定代表人的职责；

（六）监事的职责、资格、产生程序和任期；

（七）财务会计报告的编制、审定制度；

（八）财产的管理、使用制度；

（九）基金会的终止条件、程序和终止后财产的处理。

第十一条 登记管理机关应当自收到本条例第九条所列全部有效文件之日起60日内，作出准予或者不予登记的决定。准予登记的，发给《基金会法人登记证书》；不予登记的，应当书面说明理由。

基金会设立登记的事项包括:名称、住所、类型、宗旨、公益活动的业务范围、原始基金数额和法定代表人。

第十二条　基金会拟设立分支机构、代表机构的,应当向原登记管理机关提出登记申请,并提交拟设机构的名称、住所和负责人等情况的文件。

登记管理机关应当自收到前款所列全部有效文件之日起60日内作出准予或者不予登记的决定。准予登记的,发给《基金会分支(代表)机构登记证书》;不予登记的,应当书面说明理由。

基金会分支机构、基金会代表机构设立登记的事项包括:名称、住所、公益活动的业务范围和负责人。

基金会分支机构、基金会代表机构依据基金会的授权开展活动,不具有法人资格。

第十三条　境外基金会在中国内地设立代表机构,应当经有关业务主管单位同意后,向登记管理机关提交下列文件:

(一)申请书;

(二)基金会在境外依法登记成立的证明和基金会章程;

(三)拟设代表机构负责人身份证明及简历;

(四)住所证明;

(五)业务主管单位同意在中国内地设立代表机构的文件。

登记管理机关应当自收到前款所列全部有效文件之日起60日内,作出准予或者不予登记的决定。准予登记的,发给《境外基金会代表机构登记证书》;不予登记的,应当书面说明理由。

境外基金会代表机构设立登记的事项包括:名称、住所、公益活动的业务范围和负责人。

境外基金会代表机构应当从事符合中国公益事业性质的公益活动。境外基金会对其在中国内地代表机构的民事行为,依照中国法律承担民事责任。

第十四条 基金会、境外基金会代表机构依照本条例登记后,应当依法办理税务登记。

基金会、境外基金会代表机构,凭登记证书依法申请组织机构代码、刻制印章、开立银行账户。

基金会、境外基金会代表机构应当将组织机构代码、印章式样、银行账号以及税务登记证件复印件报登记管理机关备案。

第十五条 基金会、基金会分支机构、基金会代表机构和境外基金会代表机构的登记事项需要变更的,应当向登记管理机关申请变更登记。

基金会修改章程,应当征得其业务主管单位的同意,并报登记管理机关核准。

第十六条 基金会、境外基金会代表机构有下列情形之一的,应当向登记管理机关申请注销登记:

(一)按照章程规定终止的;

(二)无法按照章程规定的宗旨继续从事公益活动的;

(三)由于其他原因终止的。

第十七条 基金会撤销其分支机构、代表机构的,应当向登记管理机关办理分支机构、代表机构的注销登记。

基金会注销的,其分支机构、代表机构同时注销。

第十八条 基金会在办理注销登记前,应当在登记管理机关、业务主管单位的指导下成立清算组织,完成清算工作。

基金会应当自清算结束之日起 15 日内向登记管理机关办理注销登记;在清算期间不得开展清算以外的活动。

第十九条 基金会、基金会分支机构、基金会代表机构以及境外基金会代表机构的设立、变更、注销登记,由登记管理机关向社会公告。

第三章　组织机构

第二十条　基金会设理事会，理事为5人至25人，理事任期由章程规定，但每届任期不得超过5年。理事任期届满，连选可以连任。

用私人财产设立的非公募基金会，相互间有近亲属关系的基金会理事，总数不得超过理事总人数的1/3；其他基金会，具有近亲属关系的不得同时在理事会任职。

在基金会领取报酬的理事不得超过理事总人数的1/3。

理事会设理事长、副理事长和秘书长，从理事中选举产生，理事长是基金会的法定代表人。

第二十一条　理事会是基金会的决策机构，依法行使章程规定的职权。

理事会每年至少召开2次会议。理事会会议须有2/3以上理事出席方能召开；理事会决议须经出席理事过半数通过方为有效。

下列重要事项的决议，须经出席理事表决，2/3以上通过方为有效：

（一）章程的修改；

（二）选举或者罢免理事长、副理事长、秘书长；

（三）章程规定的重大募捐、投资活动；

（四）基金会的分立、合并。

理事会会议应当制作会议记录，并由出席理事审阅、签名。

第二十二条　基金会设监事。监事任期与理事任期相同。理事、理事的近亲属和基金会财会人员不得兼任监事。

监事依照章程规定的程序检查基金会财务和会计资料，监督理事会遵守法律和章程的情况。

监事列席理事会会议，有权向理事会提出质询和建议，并应当向登记管理机关、业务主管单位以及税务、会计主管部门反映情况。

第二十三条 基金会理事长、副理事长和秘书长不得由现职国家工作人员兼任。基金会的法定代表人，不得同时担任其他组织的法定代表人。公募基金会和原始基金来自中国内地的非公募基金会的法定代表人，应当由内地居民担任。

因犯罪被判处管制、拘役或者有期徒刑，刑期执行完毕之日起未逾 5 年的，因犯罪被判处剥夺政治权利正在执行期间或者曾经被判处剥夺政治权利的，以及曾在因违法被撤销登记的基金会担任理事长、副理事长或者秘书长，且对该基金会的违法行为负有个人责任，自该基金会被撤销之日起未逾 5 年的，不得担任基金会的理事长、副理事长或者秘书长。

基金会理事遇有个人利益与基金会利益关联时，不得参与相关事宜的决策；基金会理事、监事及其近亲属不得与其所在的基金会有任何交易行为。

监事和未在基金会担任专职工作的理事不得从基金会获取报酬。

第二十四条 担任基金会理事长、副理事长或者秘书长的香港居民、澳门居民、台湾居民、外国人以及境外基金会代表机构的负责人，每年在中国内地居留时间不得少于 3 个月。

第四章 财产的管理和使用

第二十五条 基金会组织募捐、接受捐赠，应当符合章程规定的宗旨和公益活动的业务范围。境外基金会代表机构不得在中国境内组织募捐、接受捐赠。

公募基金会组织募捐,应当向社会公布募得资金后拟开展的公益活动和资金的详细使用计划。

第二十六条　基金会及其捐赠人、受益人依照法律、行政法规的规定享受税收优惠。

第二十七条　基金会的财产及其他收入受法律保护,任何单位和个人不得私分、侵占、挪用。

基金会应当根据章程规定的宗旨和公益活动的业务范围使用其财产;捐赠协议明确了具体使用方式的捐赠,根据捐赠协议的约定使用。

接受捐赠的物资无法用于符合其宗旨的用途时,基金会可以依法拍卖或者变卖,所得收入用于捐赠目的。

第二十八条　基金会应当按照合法、安全、有效的原则实现基金的保值、增值。

第二十九条　公募基金会每年用于从事章程规定的公益事业支出,不得低于上一年总收入的70%;非公募基金会每年用于从事章程规定的公益事业支出,不得低于上一年基金余额的8%。

基金会工作人员工资福利和行政办公支出不得超过当年总支出的10%。

第三十条　基金会开展公益资助项目,应当向社会公布所开展的公益资助项目种类以及申请、评审程序。

第三十一条　基金会可以与受助人签订协议,约定资助方式、资助数额以及资金用途和使用方式。

基金会有权对资助的使用情况进行监督。受助人未按协议约定使用资助或者有其他违反协议情形的,基金会有权解除资助协议。

第三十二条 基金会应当执行国家统一的会计制度,依法进行会计核算、建立健全内部会计监督制度。

第三十三条 基金会注销后的剩余财产应当按照章程的规定用于公益目的;无法按照章程规定处理的,由登记管理机关组织捐赠给与该基金会性质、宗旨相同的社会公益组织,并向社会公告。

第五章 监督管理

第三十四条 基金会登记管理机关履行下列监督管理职责:

(一)对基金会、境外基金会代表机构实施年度检查;

(二)对基金会、境外基金会代表机构依照本条例及其章程开展活动的情况进行日常监督管理;

(三)对基金会、境外基金会代表机构违反本条例的行为依法进行处罚。

第三十五条 基金会业务主管单位履行下列监督管理职责:

(一)指导、监督基金会、境外基金会代表机构依据法律和章程开展公益活动;

(二)负责基金会、境外基金会代表机构年度检查的初审;

(三)配合登记管理机关、其他执法部门查处基金会、境外基金会代表机构的违法行为。

第三十六条 基金会、境外基金会代表机构应当于每年3月31日前向登记管理机关报送上一年度工作报告,接受年度检查。年度工作报告在报送登记管理机关前应当经业务主管单位审查同意。

年度工作报告应当包括:财务会计报告、注册会计师审计报告,开展募捐、接受捐赠、提供资助等活动的情况以及人员和机构的变动情况等。

第三十七条 基金会应当接受税务、会计主管部门依法实施的税务监督和会计监督。

基金会在换届和更换法定代表人之前,应当进行财务审计。

第三十八条 基金会、境外基金会代表机构应当在通过登记管理机关的年度检查后,将年度工作报告在登记管理机关指定的媒体上公布,接受社会公众的查询、监督。

第三十九条 捐赠人有权向基金会查询捐赠财产的使用、管理情况,并提出意见和建议。对于捐赠人的查询,基金会应当及时如实答复。

基金会违反捐赠协议使用捐赠财产的,捐赠人有权要求基金会遵守捐赠协议或者向人民法院申请撤销捐赠行为、解除捐赠协议。

第六章 法律责任

第四十条 未经登记或者被撤销登记后以基金会、基金会分支机构、基金会代表机构或者境外基金会代表机构名义开展活动的,由登记管理机关予以取缔,没收非法财产并向社会公告。

第四十一条 基金会、基金会分支机构、基金会代表机构或者境外基金会代表机构有下列情形之一的,登记管理机关应当撤销登记:

(一)在申请登记时弄虚作假骗取登记的,或者自取得登记证书之日起12个月内未按章程规定开展活动的;

(二)符合注销条件,不按照本条例的规定办理注销登记仍继续开展活动的。

第四十二条 基金会、基金会分支机构、基金会代表机构或者境外基金会代表机构有下列情形之一的,由登记管理机关给予警告、责令停止活动;情节严重的,可以撤销登记:

(一)未按照章程规定的宗旨和公益活动的业务范围进行活动的;

(二)在填制会计凭证、登记会计账簿、编制财务会计报告中弄虚作假的;

(三)不按照规定办理变更登记的;

(四)未按照本条例的规定完成公益事业支出额度的;

(五)未按照本条例的规定接受年度检查,或者年度检查不合格的;

(六)不履行信息公布义务或者公布虚假信息的。

基金会、境外基金会代表机构有前款所列行为的,登记管理机关应当提请税务机关责令补交违法行为存续期间所享受的税收减免。

第四十三条 基金会理事会违反本条例和章程规定决策不当,致使基金会遭受财产损失的,参与决策的理事应当承担相应的赔偿责任。

基金会理事、监事以及专职工作人员私分、侵占、挪用基金会财产的,应当退还非法占用的财产;构成犯罪的,依法追究刑事责任。

第四十四条 基金会、境外基金会代表机构被责令停止活动的,由登记管理机关封存其登记证书、印章和财务凭证。

第四十五条 登记管理机关、业务主管单位工作人员滥用职权、玩忽职守、徇私舞弊,构成犯罪的,依法追究刑事责任;尚不构成犯罪的，依法给予行政处分或者纪律处分。

第七章 附 则

第四十六条 本条例所称境外基金会，是指在外国以及中华人民共和国香港特别行政区、澳门特别行政区和台湾地区合法成立的基金会。

第四十七条 基金会设立申请书、基金会年度工作报告的格式以及基金会章程范本，由国务院民政部门制订。

第四十八条 本条例自2004年6月1日起施行，1988年9月27日国务院发布的《基金会管理办法》同时废止。

本条例施行前已经设立的基金会、境外基金会代表机构，应当自本条例施行之日起6个月内，按照本条例的规定申请换发登记证书。

社会团体登记管理条例

（1998年9月25日国务院第8次常务会议通过 1998年10月25日国务院令第250号发布 根据2016年2月6日《国务院关于修改部分行政法规的决定》修订）

第一章 总 则

第一条 为了保障公民的结社自由，维护社会团体的合法权益，加强对社会团体的登记管理，促进社会主义物质文明、精神文明建设,制定本条例。

第二条 本条例所称社会团体,是指中国公民自愿组成,为实现会员共同意愿,按照其章程开展活动的非营利性社会组织。

国家机关以外的组织可以作为单位会员加入社会团体。

第三条 成立社会团体,应当经其业务主管单位审查同意,并依照本条例的规定进行登记。

社会团体应当具备法人条件。

下列团体不属于本条例规定登记的范围:

(一)参加中国人民政治协商会议的人民团体;

(二)由国务院机构编制管理机关核定,并经国务院批准免于登记的团体;

(三)机关、团体、企业事业单位内部经本单位批准成立、在本单位内部活动的团体。

第四条 社会团体必须遵守宪法、法律、法规和国家政策,不得反对宪法确定的基本原则,不得危害国家的统一、安全和民族的团结,不得损害国家利益、社会公共利益以及其他组织和公民的合法权益,不得违背社会道德风尚。

社会团体不得从事营利性经营活动。

第五条 国家保护社会团体依照法律、法规及其章程开展活动,任何组织和个人不得非法干涉。

第六条 国务院民政部门和县级以上地方各级人民政府民政部门是本级人民政府的社会团体登记管理机关(以下简称登记管理机关)。

国务院有关部门和县级以上地方各级人民政府有关部门、国务院或者县级以上地方各级人民政府授权的组织,是有关行业、学科或者业务范围内社会团体的业务主管单位(以下简称业务主管单位)。

法律、行政法规对社会团体的监督管理另有规定的,依照有关法律、行政法规的规定执行。

第二章　管　辖

第七条　全国性的社会团体,由国务院的登记管理机关负责登记管理;地方性的社会团体,由所在地人民政府的登记管理机关负责登记管理;跨行政区域的社会团体,由所跨行政区域的共同上一级人民政府的登记管理机关负责登记管理。

第八条　登记管理机关、业务主管单位与其管辖的社会团体的住所不在一地的,可以委托社会团体住所地的登记管理机关、业务主管单位负责委托范围内的监督管理工作。

第三章　成立登记

第九条　申请成立社会团体,应当经其业务主管单位审查同意,由发起人向登记管理机关申请登记。

筹备期间不得开展筹备以外的活动。

第十条　成立社会团体,应当具备下列条件:

(一)有50个以上的个人会员或者30个以上的单位会员;个人会员、单位会员混合组成的,会员总数不得少于50个;

(二)有规范的名称和相应的组织机构;

(三)有固定的住所;

(四)有与其业务活动相适应的专职工作人员;

(五)有合法的资产和经费来源,全国性的社会团体有10万元以上活动资金，地方性的社会团体和跨行政区域的社会团体有3万元以上活动资金；

（六）有独立承担民事责任的能力。

社会团体的名称应当符合法律、法规的规定，不得违背社会道德风尚。社会团体的名称应当与其业务范围、成员分布、活动地域相一致，准确反映其特征。全国性的社会团体的名称冠以“中国”、“全国”、“中华”等字样的，应当按照国家有关规定经过批准，地方性的社会团体的名称不得冠以“中国”、“全国”、“中华”等字样。

第十一条 申请登记社会团体，发起人应当向登记管理机关提交下列文件：

（一）登记申请书；

（二）业务主管单位的批准文件；

（三）验资报告、场所使用权证明；

（四）发起人和拟任负责人的基本情况、身份证明；

（五）章程草案。

第十二条 登记管理机关应当自收到本条例第十一条所列全部有效文件之日起60日内，作出准予或者不予登记的决定。准予登记的，发给《社会团体法人登记证书》；不予登记的，应当向发起人说明理由。

社会团体登记事项包括：名称、住所、宗旨、业务范围、活动地域、法定代表人、活动资金和业务主管单位。

社会团体的法定代表人，不得同时担任其他社会团体的法定代表人。

第十三条 有下列情形之一的，登记管理机关不予登记：

（一）有根据证明申请登记的社会团体的宗旨、业务范围不符合本条例第四条的规定的；

(二)在同一行政区域内已有业务范围相同或者相似的社会团体，没有必要成立的；

(三)发起人、拟任负责人正在或者曾经受到剥夺政治权利的刑事处罚，或者不具有完全民事行为能力的；

(四)在申请筹备时弄虚作假的；

(五)有法律、行政法规禁止的其他情形的。

第十四条 社会团体的章程应当包括下列事项：

(一)名称、住所；

(二)宗旨、业务范围和活动地域；

(三)会员资格及其权利、义务；

(四)民主的组织管理制度，执行机构的产生程序；

(五)负责人的条件和产生、罢免的程序；

(六)资产管理和使用的原则；

(七)章程的修改程序；

(八)终止程序和终止后资产的处理；

(九)应当由章程规定的其他事项。

第十五条 依照法律规定，自批准成立之日起即具有法人资格的社会团体，应当自批准成立之日起60日内向登记管理机关提交批准文件，申领《社会团体法人登记证书》。登记管理机关自收到文件之日起30日内发给《社会团体法人登记证书》。

第十六条 社会团体凭《社会团体法人登记证书》申请刻制印章，开立银行账户。社会团体应当将印章式样和银行账号报登记管理机关备案。

第十七条 社会团体的分支机构、代表机构是社会团体的组成部分，不具有法人资格，应当按照其所属于的社会团体的章程所规定的宗旨和业务范围,在该社会团体授权的范围内开展活动、发展会员。社会团体的分支机构不得再设立分支机构。

社会团体不得设立地域性的分支机构。

第四章 变更注销

第十八条 社会团体的登记事项需要变更的,应当自业务主管单位审查同意之日起30日内,向登记管理机关申请变更登记。

社会团体修改章程,应当自业务主管单位审查同意之日起30日内,报登记管理机关核准。

第十九条 社会团体有下列情形之一的,应当在业务主管单位审查同意后,向登记管理机关申请注销登记:

(一)完成社会团体章程规定的宗旨的;

(二)自行解散的;

(三)分立、合并的;

(四)由于其他原因终止的。

第二十条 社会团体在办理注销登记前,应当在业务主管单位及其他有关机关的指导下,成立清算组织,完成清算工作。清算期间,社会团体不得开展清算以外的活动。

第二十一条 社会团体应当自清算结束之日起15日内向登记管理机关办理注销登记。办理注销登记,应当提交法定代表人签署的注销登记申请书、业务主管单位的审查文件和清算报告书。

登记管理机关准予注销登记的,发给注销证明文件,收缴该社会团体的登记证书、印章和财务凭证。

第二十二条 社会团体处分注销后的剩余财产,按照国家有关规定办理。

第二十三条 社会团体成立、注销或者变更名称、住所、法定代表人，由登记管理机关予以公告。

第五章 监督管理

第二十四条 登记管理机关履行下列监督管理职责：

（一）负责社会团体的成立、变更、注销的登记；

（二）对社会团体实施年度检查；

（三）对社会团体违反本条例的问题进行监督检查，对社会团体违反本条例的行为给予行政处罚。

第二十五条 业务主管单位履行下列监督管理职责：

（一）负责社会团体成立登记、变更登记、注销登记前的审查；

（二）监督、指导社会团体遵守宪法、法律、法规和国家政策，依据其章程开展活动；

（三）负责社会团体年度检查的初审；

（四）协助登记管理机关和其他有关部门查处社会团体的违法行为；

（五）会同有关机关指导社会团体的清算事宜。

业务主管单位履行前款规定的职责，不得向社会团体收取费用。

第二十六条 社会团体的资产来源必须合法，任何单位和个人不得侵占、私分或者挪用社会团体的资产。

社会团体的经费，以及开展章程规定的活动按照国家有关规定所取得的合法收入，必须用于章程规定的业务活动，不得在会员中分配。

社会团体接受捐赠、资助，必须符合章程规定的宗旨和业务范围，必须根据与捐赠人、资助人约定的期限、方式和合法用途使用。社会团体应当向业务主管单位报告接受、使用捐赠、资助的有关情况，并应当将有关情况以适当方式向社会公布。

社会团体专职工作人员的工资和保险福利待遇，参照国家对事业单位的有关规定执行。

第二十七条 社会团体必须执行国家规定的财务管理制度，接受财政部门的监督；资产来源属于国家拨款或者社会捐赠、资助的，还应当接受审计机关的监督。

社会团体在换届或者更换法定代表人之前，登记管理机关、业务主管单位应当组织对其进行财务审计。

第二十八条 社会团体应当于每年 3 月 31 日前向业务主管单位报送上一年度的工作报告，经业务主管单位初审同意后，于 5 月 31 日前报送登记管理机关，接受年度检查。工作报告的内容包括：本社会团体遵守法律法规和国家政策的情况、依照本条例履行登记手续的情况、按照章程开展活动的情况、人员和机构变动的情况以及财务管理的情况。

对于依照本条例第十七条的规定发给《社会团体法人登记证书》的社会团体，登记管理机关对其应当简化年度检查的内容。

第六章 罚 则

第二十九条 社会团体在申请登记时弄虚作假，骗取登记的，或者自取得《社会团体法人登记证书》之日起 1 年未开展活动的，由登记管理机关予以撤销登记。

第三十条 社会团体有下列情形之一的，由登记管理机关给予警告，责令改正，可以限期停止活动，并可以责令撤换直接负责的主管人员；情节严重的，予以撤销登记；构成犯罪的，依法追究刑事责任：

（一）涂改、出租、出借《社会团体法人登记证书》，或者出租、出借社会团体印章的；

（二）超出章程规定的宗旨和业务范围进行活动的；

（三）拒不接受或者不按照规定接受监督检查的；

（四）不按照规定办理变更登记的；

（五）违反规定设立分支机构、代表机构，或者对分支机构、代表机构疏于管理，造成严重后果的；

（六）从事营利性的经营活动的；

（七）侵占、私分、挪用社会团体资产或者所接受的捐赠、资助的；

（八）违反国家有关规定收取费用、筹集资金或者接受、使用捐赠、资助的。

前款规定的行为有违法经营额或者违法所得的，予以没收，可以并处违法经营额1倍以上3倍以下或者违法所得3倍以上5倍以下的罚款。

第三十一条　社会团体的活动违反其他法律、法规的，由有关国家机关依法处理；有关国家机关认为应当撤销登记的，由登记管理机关撤销登记。

第三十二条　筹备期间开展筹备以外的活动，或者未经登记，擅自以社会团体名义进行活动，以及被撤销登记的社会团体继续以社会团体名义进行活动的，由登记管理机关予以取缔，没收非法财产；构成犯罪的，依法追究刑事责任；尚不构成犯罪的，依法给予治安管理处罚。

第三十三条　社会团体被责令限期停止活动的，由登记管理机关封存《社会团体法人登记证书》、印章和财务凭证。

社会团体被撤销登记的，由登记管理机关收缴《社会团体法人登记证书》和印章。

第三十四条　登记管理机关、业务主管单位的工作人员滥用职权、徇私舞弊、玩忽职守构成犯罪的，依法追究刑事责任；尚不构成犯罪的，依法给予行政处分。

第七章　附　　则

第三十五条　《社会团体法人登记证书》的式样由国务院民政部门制定。

对社会团体进行年度检查不得收取费用。

第三十六条　本条例施行前已经成立的社会团体，应当自本条例施行之日起1年内依照本条例有关规定申请重新登记。

第三十七条　本条例自发布之日起施行。1989年10月25日国务院发布的《社会团体登记管理条例》同时废止。

慈善组织信息公开办法

（2018年7月27日民政部部务会议通过　2018年8月6日民政部令第61号公布　自2018年9月1日起施行）

第一条　为规范慈善组织的信息公开行为，保护捐赠人、志愿者、受益人等慈善活动参与者的合法权益，维护社会公众的知情权，促进慈善事业发展，根据《中华人民共和国慈善法》（以下简称

《慈善法》)制定本办法。

第二条 慈善组织应当依法履行信息公开义务,信息公开应当真实、完整、及时。

慈善组织应当建立信息公开制度,明确信息公开的范围、方式和责任。

慈善组织应当对信息的真实性负责,不得有虚假记载、误导性陈述或者重大遗漏,不得以新闻发布、广告推广等形式代替应当履行的信息公开义务。

第三条 慈善组织应当依照有关法律法规和本办法规定,在民政部门提供的统一的信息平台(以下简称统一信息平台),向社会公开下列信息:

(一)本办法规定的基本信息;

(二)年度工作报告和财务会计报告;

(三)公开募捐情况;

(四)慈善项目有关情况;

(五)慈善信托有关情况;

(六)重大资产变动及投资、重大交换交易及资金往来、关联交易行为等情况;

(七)法律法规要求公开的其他信息。

第四条 慈善组织应当自下列基本信息形成之日起30日内,在统一信息平台向社会公开:

(一)经民政部门核准的章程;

(二)决策、执行、监督机构成员信息;

(三)下设的办事机构、分支机构、代表机构、专项基金和其他机构的名称、设立时间、存续情况、业务范围或者主要职能;

(四)发起人、主要捐赠人、管理人员、被投资方以及与慈善组织存在控制、共同控制或者重大影响关系的个人或者组织（以下简称重要关联方）；

（五）本组织的联系人、联系方式，以本组织名义开通的门户网站、官方微博、官方微信或者移动客户端等网络平台；

（六）本组织的信息公开制度、项目管理制度、财务和资产管理制度。

基本信息中属于慈善组织登记事项的，由民政部门予以公开，慈善组织可以免予公开。

慈善组织可以将基本信息制作纸质文本置于本组织的住所，方便社会公众查阅、复制。

第五条 具有公开募捐资格的慈善组织应当公开的基本信息还包括：

（一）按年度公开在本组织领取报酬从高到低排序前五位人员的报酬金额；

（二）本组织出国（境）经费、车辆购置及运行费用、招待费用、差旅费用的标准。

第六条 慈善组织应当按照有关法律法规规定的时限，将年度工作报告和财务会计报告在统一信息平台向社会公开。具有公开募捐资格的慈善组织的年度财务会计报告需经审计。

年度工作报告的具体内容和基本格式由国务院民政部门统一制定。

第七条 慈善组织开展公开募捐活动，应当在募捐活动现场或者募捐活动载体的显著位置，公布组织名称、公开募捐资格证书、备案的募捐方案、联系方式、募捐信息查询方法等，并在统一信息平台向社会公开。慈善组织与其他组织或者个人合作开展公开募捐的，还应当公开合作方的有关信息。

慈善组织通过互联网开展公开募捐的,应当按照有关规定发布募捐信息。

第八条 具有公开募捐资格的慈善组织开展公开募捐活动,应当在公开募捐活动结束后三个月内在统一信息平台公开下列信息:

(一)募得款物情况;

(二)已经使用的募得款物的用途,包括用于慈善项目和其他用途的支出情况;

(三)尚未使用的募得款物的使用计划。

公开募捐周期超过六个月的,至少每三个月公开一次前款第(一)、第(二)项所规定的信息。

第九条 慈善组织在设立慈善项目时,应当在统一信息平台公开该慈善项目的名称和内容,慈善项目结束的,应当公开有关情况。

具有公开募捐资格的慈善组织为慈善项目开展公开募捐活动的,还应当公开相关募捐活动的名称。

慈善项目由慈善信托支持的,还应当公开相关慈善信托的名称。

第十条 具有公开募捐资格的慈善组织,应当在慈善项目终止后三个月内,在统一信息平台向社会公开慈善项目实施情况,包括:项目名称、项目内容、实施地域、受益人群、来自公开募捐和其他来源的收入、项目的支出情况,项目终止后有剩余财产的还应当公开剩余财产的处理情况。

项目实施周期超过六个月的,至少每三个月公开一次项目实施情况。

第十一条 慈善组织担任慈善信托受托人的,应当每年至少一次将信托事务处理情况及财务状况在统一信息平台向社会公开。

第十二条　慈善组织发生下列情形后30日内，应当在统一信息平台向社会公开具体内容和金额：

（一）重大资产变动；

（二）重大投资；

（三）重大交易及资金往来。

前款中规定的重大资产变动、重大投资、重大交易及资金往来的具体标准，由慈善组织依据有关法律法规规章在本组织章程或者财务资产管理制度中规定。

第十三条　慈善组织在下列关联交易等行为发生后30日内，应当在统一信息平台向社会公开具体内容和金额：

（一）接受重要关联方捐赠；

（二）对重要关联方进行资助；

（三）与重要关联方共同投资；

（四）委托重要关联方开展投资活动；

（五）与重要关联方发生交易；

（六）与重要关联方发生资金往来。

第十四条　慈善组织应当在统一信息平台为每年的年度工作报告和财务会计报告、每个公开募捐活动和慈善项目建立相对独立的信息条目。

慈善组织需要对统一信息平台的信息进行更正的，应当在统一信息平台填写并公布更正说明，有独立信息条目的在相应信息条目下予以公布。基本信息发生变更的，慈善组织应当在变更后30日内在统一信息平台向社会公布。

第十五条　慈善组织开展定向募捐的，应当及时向捐赠人告知募捐情况、捐赠款物管理使用情况。捐赠人要求将捐赠款物管理使用情况向社会公开的,慈善组织应当向社会公开。

第十六条　慈善组织应当向受益人告知其资助标准、工作流程和工作规范等信息。

鼓励慈善组织向社会公开前款规定的信息。

第十七条　慈善组织招募志愿者参与慈善服务,应当公示与慈善服务有关的全部信息,以及在服务过程中可能发生的风险。

第十八条　慈善组织对外公开有关机关登记、核准、备案的事项时,应当与有关机关的信息一致。

慈善组织公布的信息相互之间应当一致。

慈善组织在其他渠道公布的信息,应当与其在统一信息平台上公布的信息一致。

第十九条　涉及国家秘密、商业秘密、个人隐私的信息以及捐赠人、志愿者、受益人、慈善信托的委托人不同意公开的姓名、名称、住所、通讯方式等信息,不得公开。

第二十条　慈善组织不及时公开应当公开的事项或者公开的事项不真实的,任何单位或者个人可以向民政部门投诉、举报。

第二十一条　民政部门可以要求慈善组织就信息公开的相关事项作出说明,必要时可以进行约谈,并向社会公开。

第二十二条　慈善组织违反本办法规定的,民政部门可以责令限期改正。

第二十三条　慈善组织有下列情形的,民政部门依据《慈善法》第九十九条的有关规定进行处罚:

(一)未依法履行信息公开义务的;

(二)泄露捐赠人、志愿者、受益人个人隐私以及捐赠人、志愿者、受益人、慈善信托的委托人不同意公开的姓名、名称、住所、通讯方式等信息的。

第二十四条　慈善组织在信息公开中违反有关法律法规规章和本办法规定的，民政部门应当进行记录，并将相关情况通报有关部门，根据有关规定实施联合惩戒。

第二十五条　民政部门工作人员在工作中滥用职权、徇私舞弊、玩忽职守的，由上级机关或者监察机关依法责令改正；依法应当给予处分的，由任免机关或者监察机关对直接负责的主管人员和其他直接责任人员给予处分。

第二十六条　本办法自2018年9月1日起施行。

慈善组织保值增值投资活动管理暂行办法

（2018年10月25日民政部部务会议通过　2018年10月30日民政部令第62号发布　自2019年1月1日起施行）

第一条　为规范慈善组织的投资活动，防范慈善财产运用风险，促进慈善组织持续健康发展，根据《中华人民共和国慈善法》（以下简称《慈善法》）等法律法规，制定本办法。

第二条　县级以上人民政府民政部门（以下简称民政部门）依法登记、认定的慈善组织进行投资活动，适用本办法。

第三条　慈善组织应当以面向社会开展慈善活动为宗旨，充分、高效运用慈善财产，在确保年度慈善活动支出符合法定要求和捐赠财产及时足额拨付的前提下，可以开展投资活动。

慈善组织开展投资活动应当遵循合法、安全、有效的原则，投资取得的收益应当全部用于慈善目的。

第四条 本办法所称投资活动，主要包括下列情形：

（一）直接购买银行、信托、证券、基金、期货、保险资产管理机构、金融资产投资公司等金融机构发行的资产管理产品；

（二）通过发起设立、并购、参股等方式直接进行股权投资；

（三）将财产委托给受金融监督管理部门监管的机构进行投资。

第五条 慈善组织可以用于投资的财产限于非限定性资产和在投资期间暂不需要拨付的限定性资产。

慈善组织接受的政府资助的财产和捐赠协议约定不得投资的财产，不得用于投资。

第六条 慈善组织在投资资产管理产品时，应当审慎选择，购买与本组织风险识别能力和风险承担能力相匹配的产品。

慈善组织直接进行股权投资的，被投资方的经营范围应当与慈善组织的宗旨和业务范围相关。

慈善组织开展委托投资的，应当选择中国境内有资质从事投资管理业务，且管理审慎、信誉较高的机构。

第七条 慈善组织不得进行下列投资活动：

（一）直接买卖股票；

（二）直接购买商品及金融衍生品类产品；

（三）投资人身保险产品；

（四）以投资名义向个人、企业提供借款；

（五）不符合国家产业政策的投资；

（六）可能使本组织承担无限责任的投资；

（七）违背本组织宗旨、可能损害信誉的投资；

（八）非法集资等国家法律法规禁止的其他活动。

第八条 慈善组织应当在财务和资产管理制度中规定以下内容：

（一）投资遵循的基本原则；

（二）投资决策程序和管理流程；

（三）决策机构、执行机构、监督机构在投资活动中的相关职责；

（四）投资负面清单；

（五）重大投资的标准；

（六）投资风险管控制度；

（七）投资活动中止、终止或者退出机制；

（八）违规投资责任追究制度。

第九条 慈善组织的财务和资产管理制度以及重大投资方案应当经决策机构组成人员三分之二以上同意。

第十条 慈善组织的发起人、主要捐赠人、负责人、理事、理事来源单位以及其他与慈善组织之间存在控制、共同控制或者重大影响关系的个人或者组织，当其利益与慈善组织投资行为关联时，不得利用关联关系损害慈善组织利益。

第十一条 慈善组织应当及时回收到期的本金和收益，依法依规及时进行会计核算。

第十二条 慈善组织应当为投资活动建立专项档案，完整保存投资的决策、执行、管理等资料。专项档案的保存时间不少于20年。

第十三条 慈善组织应当根据投资活动的风险水平以及所能承受的损失程度，合理建立止损机制。

慈善组织可以建立风险准备金制度。

第十四条 慈善组织在开展投资活动时，其负责人、理事和工作人员应当遵守法律法规和本组织章程的规定，严格履行忠实、谨慎、勤勉义务。

慈善组织在开展投资活动时有违法违规行为，致使慈善组织财产损失的，相关人员应当承担相应责任。

第十五条 慈善组织的负责人和工作人员不得在慈善组织投资的企业兼职或者领取报酬，但受慈善组织委托可以作为股东代表、董事或者监事参与被投资企业的股东会、董事会。

第十六条 民政部门可以要求慈善组织就投资活动、风险控制、内部管理等事项作出说明，必要时可以进行约谈。

第十七条 慈善组织将不得用于投资的财产用于投资，民政部门依据《慈善法》第九十九条的有关规定进行处罚。慈善组织违反本办法规定，民政部门可以给予警告，并责令限期改正。

第十八条 慈善组织的财务和资产管理制度、重大投资情况应当依法依规向社会公开，接受社会监督。

第十九条 未认定为慈善组织的基金会、具有公益性捐赠税前扣除资格的社会团体和社会服务机构开展投资活动应当遵守本办法规定。

第二十条 本办法自 2019 年 1 月 1 日起施行。

慈善组织认定办法

（2024 年 7 月 26 日经民政部部务会议通过 2024 年 9 月 5 日民政部令第 73 号公布 自 2024 年 9 月 5 日起施行）

第一条 为了规范慈善组织认定工作，根据《中华人民共和国慈善法》(以下简称慈善法)的规定,制定本办法。

第二条 已经设立的基金会、社会团体、社会服务机构等非营利性组织,申请认定为慈善组织,适用本办法。

第三条 县级以上人民政府民政部门对其登记的基金会、社会团体、社会服务机构进行慈善组织认定。

第四条 基金会、社会团体、社会服务机构申请认定为慈善组织,应当符合下列条件:

(一)申请时具备相应的社会组织法人登记条件;

(二)以开展慈善活动为宗旨,业务范围符合慈善法第三条的规定;申请时的上一年度慈善活动的年度支出和管理费用符合国务院民政部门关于慈善组织的规定;

(三)不以营利为目的,收益和营运结余全部用于章程规定的慈善目的;财产及其孳息没有在发起人、捐赠人或者本组织成员中分配;章程符合慈善法第十一条的规定,且有关于剩余财产转给宗旨相同或者相近的其他慈善组织的规定;

(四)有健全的财务制度和合理的薪酬制度;

(五)法律、行政法规规定的其他条件。

第五条 有下列情形之一的,不予认定为慈善组织:

(一)有法律法规和国家政策规定的不得担任慈善组织负责人的情形的;

(二)申请前二年内受过行政处罚的;

(三)申请时被民政部门列入社会组织活动异常名录或者严重违法失信名单的;

(四)有其他违反法律、法规、国家政策行为的。

第六条 申请认定为慈善组织,社会团体应当经会员(代表)大会表决通过,基金会、社会服务机构应当经理事会表决通过;有业务主管单位的,还应当经业务主管单位同意。

第七条 申请认定慈善组织的基金会,应当向办理其登记的民政部门提交下列材料:

(一)申请书;

(二)符合本办法第四条规定以及不存在第五条所列情形的书面承诺;

(三)按照本办法第六条规定召开会议形成的会议纪要。

申请认定为慈善组织的社会团体、社会服务机构,除前款规定的材料外,还应当向办理其登记的民政部门提交下列材料:

(一)关于申请理由、慈善宗旨、开展慈善活动等情况的说明;

(二)注册会计师出具的上一年度财务审计报告,含慈善活动年度支出和管理费用的专项审计。

申请认定慈善组织的基金会、社会团体、社会服务机构有业务主管单位的,还应当提交业务主管单位同意的书面材料。

第八条 民政部门自收到全部有效材料后,应当依法进行审核。

情况复杂的,民政部门可以征求有关部门意见或者通过论证会、听证会等形式听取意见,也可以根据需要对该组织进行实地考察。

第九条 民政部门应当自受理申请之日起二十日内作出决定。符合慈善组织认定条件的,予以认定并向社会公告;不符合慈善组织认定条件的,不予认定并书面说明理由。

第十条 认定为慈善组织的基金会、社会团体、社会服务机构,由办理其登记的民政部门换发登记证书,标明慈善组织属性。

慈善组织符合税收法律法规规定条件的,依照税法规定享受税收优惠。

第十一条　本办法由民政部负责解释。

第十二条　本办法自2024年9月5日起施行。2016年8月31日民政部发布的《慈善组织认定办法》同时废止。

慈善组织公开募捐管理办法

（2024年7月26日经民政部部务会议通过　2024年9月5日民政部令第74号公布　自2024年9月5日起施行）

第一条　为了规范慈善组织开展公开募捐，根据《中华人民共和国慈善法》（以下简称慈善法），制定本办法。

第二条　慈善组织公开募捐资格和公开募捐活动管理，适用本办法。

第三条　依法取得公开募捐资格的慈善组织可以面向公众开展募捐。不具有公开募捐资格的组织和个人不得自行开展公开募捐。

第四条　县级以上人民政府民政部门依法对其登记或者认定的慈善组织公开募捐资格和公开募捐活动进行监督管理，并对本行政区域内涉及公开募捐的有关活动进行监督管理。

慈善组织有业务主管单位的，业务主管单位应当加强对其公开募捐活动的指导、监督。

第五条　依法登记满一年的慈善组织或者认定为慈善组织满一年的社会组织，可以向办理其登记的民政部门申请公开募捐资格。申请公开募捐资格，应当符合下列条件：

（一）根据法律法规和本组织章程建立规范的内部治理结构，

理事会能够有效决策，负责人任职符合有关规定，理事会成员和负责人勤勉尽职，诚实守信；

（二）理事会成员来自同一组织以及相互间存在关联关系组织的不超过三分之一，相互间具有近亲属关系的没有同时在理事会任职；理事会成员中非内地居民不超过三分之一，法定代表人由内地居民担任；秘书长为专职，理事长（会长）、秘书长不得由同一人兼任；有与本慈善组织开展活动相适应的专职工作人员；

（三）监事能够依法履行监督职责；在省级以上人民政府民政部门登记或者认定的慈善组织有三名以上监事组成的监事会；

（四）有健全的财务管理制度、项目管理制度、采购管理制度、资产管理制度、人事管理制度、档案管理制度、会计监督制度、信息公开制度等内部管理和风险控制制度，且能够规范执行；

（五）能够充分、高效运用慈善财产，依法依章程开展慈善活动，上一年度慈善活动的年度支出和管理费用符合规定；

（六）依法办理税务登记，履行纳税义务；严格执行国家统一的会计制度，依法进行会计核算；按时报送年度工作报告，严格履行信息公开义务；

（七）按照规定参加社会组织评估，评估结果为3A及以上且在有效期以内，申请时登记成立不满二年的除外；

（八）申请时未纳入社会组织活动异常名录或者严重违法失信名单；

（九）申请公开募捐资格前一年，未因违反社会组织相关法律法规受到行政处罚，没有其他违反法律、法规、国家政策的行为。

第六条　慈善组织申请公开募捐资格，应当向办理其登记的民政部门提交下列材料：

（一）申请书，包括本组织符合第五条各项条件的具体说明和书面承诺；

（二）注册会计师出具的申请前一年的财务审计报告，包括慈善活动年度支出和管理费用的专项信息报告；

（三）理事会关于同意申请公开募捐资格的书面会议决议。

有业务主管单位的慈善组织，还应当提交报经业务主管单位同意的书面材料。

第七条　民政部门收到全部有效材料后，应当依法进行审核，并于二十日内作出决定。对符合条件的慈善组织，发给公开募捐资格证书；对不符合条件的，不发给公开募捐资格证书并书面说明理由。

情况复杂的，民政部门可以征求有关部门意见或者通过论证会、听证会等形式听取意见，也可以根据需要对该组织进行实地考察。征求意见和实地考察所需时间不计算在审核期限内。

第八条　慈善组织不得伪造、变造、出租、出借公开募捐资格证书。公开募捐资格证书丢失、严重损毁的，应当及时报告办理其登记的民政部门进行补办。公开募捐资格证书被盗用或者冒用的，慈善组织应当及时向社会公告，并向办理其登记的民政部门报告。慈善组织有业务主管单位的，应当同时向业务主管单位报告。

第九条　慈善法施行前登记设立的公募基金会，凭其标明慈善组织属性的登记证书向办理其登记的民政部门申领公开募捐资格证书。

有关法律、行政法规规定可以公开募捐的其他非营利性组织，凭法人登记证书向同级人民政府民政部门申领公开募捐资格证书。

第十条　开展公开募捐活动，应当依法制定募捐方案。

募捐方案包括募捐目的、起止时间和地域、活动负责人姓名和办公地址、接受捐赠方式、银行账户、预期募集款物数额、受益人、募得款物用途、募捐成本、剩余财产的处理等。合作开展公开募捐活动的，募捐方案应当载明合作方的相关信息。

募捐方案填报应当符合以下要求：

（一）募捐目的符合本组织章程载明的宗旨和业务范围，公开募捐活动的名称应当与支持的慈善项目相关；

（二）公开募捐活动持续时间一般不超过三年，为应对重大突发事件开展的公开募捐活动持续时间一般不超过一年；

（三）公开募捐活动的负责人是开展公开募捐活动的慈善组织的专职工作人员；

（四）使用具有公开募捐资格的慈善组织的银行账户，不得使用其他组织或者个人的银行账户；

（五）预期募集款物数额与本组织管理服务能力、善款管理水平、项目执行方的管理能力相适应；

（六）有明确的受益人范围、预期数量和确定方式，且受益人不得为特定个人；

（七）募得款物用途符合受益人的需要，并制定募得款物使用计划；

（八）募捐成本遵循最必要原则，厉行节约，减少不必要的开支，不得向受益人及其利害关系人等转嫁募捐成本；

（九）剩余财产应当全部用于本组织目的相同或者相近的其他慈善项目，并向社会公开。

第十一条　慈善组织应当在开展公开募捐活动十日前将符合本办法要求的募捐方案报送办理其登记的民政部门备案。

涉及合作募捐的，还应当提供对合作方的评估报告和合作协议。合作方为个人的，应当提供其居民身份证等有效身份证件复印件、无犯罪记录证明和个人信用报告。

材料齐备的，办理其登记的民政部门应当及时受理，十日内对予以备案的向社会公开；对募捐方案内容不齐备的，应当及时告知慈善组织，慈善组织应当在五日内补齐或者撤回备案材料。

第十二条 慈善组织开展的每一项公开募捐活动应当单独备案，不得合并备案，不得用同一个募捐备案编号开展多项公开募捐活动。

公开募捐活动进行中，募捐方案的有关事项发生变化的，慈善组织应当在事项发生变化之日起十日内向办理其登记的民政部门补正并说明理由。

有业务主管单位的慈善组织，应当将募捐方案及补正事项报经业务主管单位同意。

开展公开募捐活动，涉及公共安全、公共秩序、消防等事项的，还应当按照其他有关规定履行批准程序。

第十三条 慈善组织为应对重大突发事件，无法在开展公开募捐活动前办理募捐方案备案的，应当在公开募捐活动开始后十日内补办备案手续。

为应对重大突发事件开展公开募捐的慈善组织，应当及时分配或者使用募得款物，在应急处置与救援阶段至少每五日公开一次募得款物的接收情况，及时公开分配、使用情况。

第十四条 慈善组织在办理其登记的民政部门管辖区域外，以慈善法第二十三条第一款第一项、第二项方式开展公开募捐活动的，除向办理其登记的民政部门备案外，还应当在开展公开募捐活动十日前，向其开展募捐活动所在地的县级以上人民政府民政部门备案，提交募捐方案、公开募捐资格证书复印件、确有必要在当地开展公开募捐活动的情况说明。

第十五条 慈善组织开展公开募捐活动应当按照本组织章程和内部管理制度履行必要的内部决策程序,并形成经法定代表人同意的决策文件;应当建立公开募捐信息档案,做好详细的款物签收或者服务记录台账,妥善保管相关凭证资料,方便有关部门和捐赠人查阅。

第十六条 慈善组织开展公开募捐活动,应当在募捐活动现场或者募捐活动载体的显著位置,公布本组织名称、公开募捐资格证书、募捐方案、联系方式、募捐信息查询方法等。

第十七条 慈善组织通过互联网开展公开募捐活动的,应当在国务院民政部门指定的互联网公开募捐服务平台进行,并可以同时在以本慈善组织名义开通的门户网站、官方微博、官方微信、移动客户端等网络平台发布公开募捐信息。

慈善组织发布的公开募捐活动名称等信息应当与备案的募捐方案载明的信息保持一致,不得随意变更。

第十八条 具有公开募捐资格的慈善组织与不具有公开募捐资格的组织或者个人合作开展公开募捐活动,应当基于慈善目的并承担相应法律责任。不具有公开募捐资格的合作方不得以任何形式自行开展公开募捐。

具有公开募捐资格的慈善组织应当对合作方进行评估,形成评估报告。评估报告内容应当包括合作方信用信息及社会评价情况,实现募捐目的的专业资质能力情况,与受益人是否存在利害关系等。

具有公开募捐资格的慈善组织应当与合作方依法签订书面协议。协议内容应当包括合作公开募捐活动名称、募捐目的、合作起止时间、公开募捐方式、募得款物管理使用计划、合作双方权利义务、违约责任及争议处理方式等。解除合作协议的,应当以书面方式确认。

具有公开募捐资格的慈善组织应当负责对合作募得的款物进行管理和会计核算,将全部收支纳入其账户。

具有公开募捐资格的慈善组织应当对合作方的相关行为进行指导和监督,可以采取培训、督导、评估、审计等方式。

合作方应当配合具有公开募捐资格的慈善组织开展相关工作。

第十九条 具有公开募捐资格的慈善组织确定受益人时应当坚持公开、公平、公正的原则。受益人为自然人的,慈善组织在慈善活动中应当尊重其人格尊严,依法保护其有关信息,不得侵害其隐私。

慈善组织不得对受益人附加违反法律法规和违背社会公德的条件,不得指定或者变相指定捐赠人的利害关系人作为受益人。

第二十条 具有公开募捐资格的慈善组织应当依据法律法规、章程规定和募捐方案加强对募得款物的管理和使用。确需变更募捐方案规定的募得款物用途的,应当召开理事会进行审议,报办理其登记的民政部门备案,并向社会公开。慈善组织有业务主管单位的,还应当报经业务主管单位同意。

募得款物用于采购物资、服务或者发放物资的,应当按照公开、公平、公正的原则。涉及采购物资和服务的,有关物资和服务价格不得高于市场公允价值;涉及发放物资的,应当确保采购、配送、签收等环节合法、合规、安全、有效。

第二十一条 具有公开募捐资格的慈善组织应当对公开募捐活动募集和使用慈善财产情况、委托第三方执行慈善项目情况等进行公开。涉及合作募捐的,还应当公开合作方信息。

公开募捐周期超过六个月的,至少每三个月公开一次募捐情况,公开募捐活动结束后三个月内应当全面、详细公开募捐情况。

慈善项目实施周期超过六个月的,至少每三个月公开一次项目实施情况，项目结束后三个月内应当全面、详细公开项目实施情况和募得款物使用情况。

第二十二条 具有公开募捐资格的慈善组织不再符合本办法第五条规定条件的，由办理其登记的民政部门纳入社会组织活动异常名录并向社会公告。

第二十三条 慈善组织被依法吊销公开募捐资格证书的，应当立即停止公开募捐活动，已通过公开募捐活动获得的募得款物应当继续按照备案的募捐方案执行，并将相关情况及时向社会公开。

出现前款规定情形的，办理其登记的民政部门应当在十日内向社会公告。

慈善组织被依法吊销公开募捐资格证书的，当年开展慈善活动的年度支出和管理费用按照具有公开募捐资格的慈善组织相关标准执行。

公开募捐资格证书被吊销的慈善组织，五年内不得再次申请。

第二十四条 慈善组织有下列情形之一的，办理其登记的民政部门可以予以警告、责令限期改正：

（一）伪造、变造、出租、出借公开募捐资格证书的；

（二）未按照募捐方案确定的时间，超出募捐方案确定的期限、地域范围、方式进行募捐的；

（三）开展公开募捐未在募捐活动现场或者募捐活动载体的显著位置公布募捐活动信息的；

（四）其他违反本办法情形的。

未按照本办法报备募捐方案的，按照慈善法第一百一十条进行处理。

第二十五条 公开募捐资格证书样式、公开募捐方案备案指引，由民政部统一制定。

第二十六条 有关法律、行政法规规定可以公开募捐的非营利性组织开展公开募捐活动适用本办法。

第二十七条 本办法由民政部负责解释。

第二十八条 本办法自2024年9月5日起施行。2016年8月31日民政部发布的《慈善组织公开募捐管理办法》同时废止。

公开募捐平台服务管理办法

（2016年8月30日民政部、工业和信息化部、国家新闻出版广电总局、国家互联网信息办公室发布 自2016年9月1日起施行）

第一条 为进一步规范公开募捐平台服务，维护捐赠人、受益人和慈善组织等慈善活动参与者的合法权益，促进我国慈善事业健康发展，根据《中华人民共和国慈善法》《国务院关于促进慈善事业健康发展的指导意见》（国发〔2014〕61号）等法律法规和有关规定，制定本办法。

第二条 本办法所称公开募捐平台服务，是指广播、电视、报刊及网络服务提供者、电信运营商为慈善组织开展公开募捐活动或者发布公开募捐信息提供的平台服务。

提供公开募捐平台服务的广播、电视、报刊、电信运营商应当符合《广播电视管理条例》《出版管理条例》《中华人民共和国电信条例》等规定的条件。通过互联网提供公开募捐平台服务的网络服务提供者应当依法由民政部指定，并符合《互联网信息服务管理办法》等规定的条件。

第三条　广播、电视、报刊以及网络服务提供者、电信运营商在提供公开募捐平台服务时，应当查验慈善组织的登记证书和公开募捐资格证书，不得代为接受慈善捐赠财产。

第四条　广播、电视、报刊以及网络服务提供者、电信运营商向慈善组织提供公开募捐平台服务应当签订协议，明确双方在公开募捐信息发布、募捐事项的真实性等方面的权利和义务。

第五条　广播、电视、报刊以及网络服务提供者、电信运营商发现慈善组织在开展公开募捐时有违法违规行为的，应当及时向批准其登记的民政部门报告。

第六条　广播、电视、报刊以及网络服务提供者、电信运营商应当记录和保存慈善组织的登记证书复印件、公开募捐资格证书复印件。网络服务提供者还应当记录、保存慈善组织在其平台上发布的有关信息。其中，登记证书、公开募捐资格证书相关信息的保存期限为自该慈善组织通过其平台最后一次开展公开募捐之日起不少于两年；募捐记录等其他信息的保存期限为自公开募捐完成之日起不少于两年。

第七条　民政部门发现慈善组织在使用公开募捐平台服务中有违法违规行为，需要要求广播、电视、报刊以及网络服务提供者、电信运营商协助调查的，广播、电视、报刊以及网络服务提供者、电信运营商应当予以配合。

第八条　广播、电视、报刊以及网络服务提供者、电信运营商停止为慈善组织提供公开募捐信息发布服务的，应当提前在本平台向社会公众告知。

第九条　鼓励广播、电视、报刊以及网络服务提供者、电信运营商为慈善组织提供公平、公正的信用评价服务，对开展公开募捐的慈善组织的信用情况客观、公正地进行采集与记录。

第十条 个人为了解决自己或者家庭的困难,通过广播、电视、报刊以及网络服务提供者、电信运营商发布求助信息时,广播、电视、报刊以及网络服务提供者、电信运营商应当在显著位置向公众进行风险防范提示,告知其信息不属于慈善公开募捐信息,真实性由信息发布个人负责。

第十一条 各级民政部门依法对慈善组织通过广播、电视、报刊以及网络服务提供者、电信运营商提供的平台发布公开募捐信息、开展公开募捐的行为实施监督管理。慈善组织有违法违规情形的,由批准其登记的民政部门依法查处。

第十二条 国务院及地方各级广播、电视、报刊及互联网信息内容管理部门、电信主管部门,在各自职责范围内,依法对广播、电视、报刊以及网络服务提供者、电信运营商为慈善组织开展公开募捐提供的平台服务实施监督管理,对违法违规行为进行查处。

第十三条 民政部门应当建立健全与广播、电视、报刊及互联网信息内容管理部门、电信主管部门的信息沟通共享机制、信用信息披露机制和违法违规行为协查机制,强化协同监管。

第十四条 本办法由民政部、工业和信息化部、新闻出版广电总局、国家互联网信息办公室负责解释。

第十五条 本办法自2016年9月1日起施行。

公开募捐违法案件管辖规定(试行)

(2018年11月30日民政部印发 民发〔2018〕142号)

第一条 为明确公开募捐违法案件的管辖,及时查处相关违法行为，维护慈善募捐管理秩序，根据《中华人民共和国慈善法》、《中华人民共和国行政处罚法》、《社会团体登记管理条例》、《基金会管理条例》以及《民办非企业单位登记管理暂行条例》等法律法规，制定本规定。

第二条　本规定所称公开募捐违法案件，包括具有公开募捐资格的慈善组织在公开募捐活动中发生的违法案件，不具有公开募捐资格的慈善组织或者其他社会组织违法开展公开募捐活动的案件，以及社会组织以外的组织或者个人违法开展公开募捐活动的案件。

第三条　具有公开募捐资格的慈善组织在公开募捐活动中发生的违法案件，不具有公开募捐资格的慈善组织或者其他社会组织违法开展公开募捐活动的案件，由其登记的民政部门管辖。

第四条　社会组织以外的组织或者个人违法开展公开募捐活动的案件，由违法行为发生地的县级人民政府民政部门按照下列情形管辖：

（一）通过在公共场所设置募捐箱的方式开展公开募捐的，由募捐箱设置地的民政部门管辖；

（二）通过举办面向社会公众的义演、义赛、义卖、义展、义拍、慈善晚会等方式开展公开募捐的，由义演、义赛、义卖、义展、义拍、慈善晚会等活动举办地的民政部门管辖；

（三）通过广播、电视、报刊等媒体开展公开募捐的，由提供信息服务的广播电台、电视台、报刊出版单位所在地的民政部门管辖；

（四）通过互联网开展公开募捐的，由组织住所地、个人居住地等所在地民政部门管辖。无法确定所在地的，由互联网信息服务提供者许可或者备案机关所在地的民政部门管辖。

违法活动发生地涉及两个以上民政部门的,由共同上一级民政部门或者其指定的民政部门管辖。

第五条 民政部门发现或者收到有关公开募捐违法案件线索后,应当进行甄别。本机关有管辖权的,依法调查处理;不属于本机关管辖的,应当及时将案件材料移送有管辖权的民政部门,受移送的民政部门应当受理。

第六条 民政部门对管辖权发生争议的,由争议各方按照本规定确定的原则协商解决。协商不成的,由共同上一级民政部门指定的民政部门管辖。

第七条 上级民政部门指定管辖的,应当书面通知被指定的民政部门和其他相关民政部门。

相关民政部门收到上级民政部门书面通知后,应当及时将案件材料移送被指定管辖的民政部门。

第八条 民政部门在案件调查过程中,发现已有其他民政部门正在办理的,应当中止调查。管辖确定后,有管辖权的民政部门应当继续调查,其他民政部门应当及时移交案件材料。

第九条 对案件有管辖权的民政部门可以书面请其他民政部门协助调查。跨行政区域调查的,应当提前告知当地民政部门,当地民政部门应当予以配合。

第十条 本规定自发布之日起施行。

志愿服务记录与证明出具办法(试行)

(2020年11月26日民政部部务会议通过 2020年12月2日民政部令第67号公布 自2021年2月1日起施行)

第一条 为了规范志愿服务记录和志愿服务记录证明出具工作,保障志愿者和志愿服务组织等志愿服务活动参与者的合法权益,促进志愿服务事业发展,根据《中华人民共和国慈善法》和《志愿服务条例》等法律法规,制定本办法。

第二条 本办法所称志愿服务记录,是指志愿服务组织和依法开展志愿服务活动的其他组织通过志愿服务信息系统或者纸质载体等形式,记录志愿者参与志愿服务活动的有关信息。

本办法所称志愿服务记录证明,是指志愿服务组织和依法开展志愿服务活动的其他组织依据志愿服务记录信息形成的、能够证明志愿者参加志愿服务有关情况的材料。

第三条 记录志愿服务信息、出具志愿服务记录证明,应当遵循真实、准确、完整、无偿、及时的原则。

第四条 志愿服务组织记录的志愿服务信息,包括志愿者的个人基本信息、志愿服务情况、培训情况、表彰奖励情况和评价情况。

根据工作需要,志愿服务组织还可以记录与志愿服务有关的其他信息。

志愿服务组织可以通过国务院民政部门指定的志愿服务信息系统记录志愿服务信息,也可以通过其他志愿服务信息系统或者纸质载体等形式记录。其他志愿服务信息系统或者纸质载体等形式记录的志愿者个人基本信息、志愿服务情况等信息,志愿服务组织应当按照统一的信息数据标准录入国务院民政部门指定的志愿服务信息系统,实现数据互联互通。

第五条 志愿者的个人基本信息,包括姓名、性别、出生日期、身份证件号码、居住区域、联系方式、专业技能和服务类别等。

第六条 志愿者的个人基本信息,可以由志愿者本人在志愿服务信息系统录入;经志愿者同意后,也可以由志愿服务组织录入。

志愿者提供的个人基本信息应当真实、准确、完整。

志愿服务组织发现志愿者的个人基本信息有明显错误、缺漏,或者与实际情况不一致的,应当要求志愿者修改、补充。

第七条 志愿者的志愿服务情况,包括志愿者参加志愿服务活动的名称、日期、地点、服务内容、服务时间、活动组织单位和活动负责人。

前款的服务时间是指志愿者参与志愿服务实际付出的时间,以小时为计量单位。志愿服务组织应当根据志愿服务活动的实际情况,科学合理确定服务时间。

第八条 志愿者的培训情况,包括志愿者参加志愿服务有关培训的名称、主要内容、学习时长、培训举办单位和日期等信息。

志愿服务组织应当及时、如实记录志愿者的培训情况。

第九条 志愿者的表彰奖励情况,包括志愿者获得志愿服务表彰奖励的名称、日期和授予单位。

志愿服务组织应当及时记录志愿者在本组织获得表彰奖励的情况。

志愿者获得县级以上人民政府或者有关部门给予志愿服务表

彰奖励的，志愿服务组织应当在志愿者提供相关材料后及时、如实记录。志愿者获得其他组织给予志愿服务表彰奖励的，可以凭相关材料申请志愿服务组织协助记录。志愿服务组织核实无误后应当协助记录。

第十条 志愿者的评价情况，包括对志愿者的服务质量评价以及评价日期。

志愿服务组织可以根据志愿服务完成情况、志愿服务对象反馈情况，对志愿者的服务质量进行评价。

志愿服务组织可以基于服务时间和服务质量等，对志愿者进行星级评价。

第十一条 志愿服务组织应当及时记录志愿服务信息。其中志愿服务情况和评价情况，应当在志愿服务活动结束后10个工作日内完成记录。

第十二条 志愿者可以在志愿服务信息系统中查询本人的志愿服务记录信息。志愿者需要志愿服务组织协助查询的，志愿服务组织应当给予帮助。

第十三条 志愿者发现本人的志愿服务信息记录有错误、缺漏的，可以向相关志愿服务组织提出。志愿服务组织应当及时核实，确有错误、缺漏的，予以修改、补充。

第十四条 志愿服务组织应当根据志愿者的需要，以志愿服务记录信息为依据，为志愿者无偿、如实出具志愿服务记录证明。

志愿者可以在志愿服务信息系统中打印本人的志愿服务记录证明。

第十五条 志愿服务记录证明应当载明志愿者的志愿服务时间、服务内容和记录单位，也可以包含记录的其他信息。志愿服务记录证明的格式，可以参照国务院民政部门提供的规范样式。

根据志愿者的需要,志愿服务组织可以在志愿服务记录证明上加盖印章。

第十六条 志愿服务组织应当妥善管理志愿服务记录信息,不得将志愿服务记录信息用于商业目的。

未经志愿者本人同意,不得公开或者泄露其有关信息。

第十七条 志愿服务记录证明可以通过志愿服务信息系统查验。

任何单位和个人不得伪造、变造或者使用虚假志愿服务记录证明。

第十八条 志愿服务组织应当在年度工作报告中如实反映开展志愿服务记录和证明出具工作情况,并依法向社会公开。

第十九条 不属于志愿服务的活动,不得进行志愿服务信息记录、出具志愿服务记录证明。

第二十条 任何单位和个人发现志愿服务组织不依法记录志愿服务信息、出具志愿服务记录证明,或者发现单位和个人伪造、变造、使用虚假志愿服务记录证明的,可以向民政部门投诉、举报。

第二十一条 民政部门建立志愿服务信息记录和志愿服务记录证明抽查制度,重点检查志愿服务记录与证明的真实性、合法性,抽查结果向社会公开。

第二十二条 民政部门进行监督检查时,可以向志愿服务有关各方了解核实情况,有权要求志愿服务组织提供相关资料,志愿服务组织不得隐瞒、阻碍或者拒绝。

第二十三条 志愿服务组织泄露志愿者有关记录信息、侵害志愿服务对象个人隐私的,由民政部门依据《志愿服务条例》第三十六条的规定予以警告,责令限期改正;逾期不改正的,责令限期停止活动并进行整改;情节严重的,吊销登记证书并予以公告。

第二十四条　志愿服务组织不依法记录志愿服务信息或者出具志愿服务记录证明的，由民政部门依据《志愿服务条例》第三十八条的规定予以警告，责令限期改正；逾期不改正的，责令限期停止活动，并可以向社会和有关单位通报。

第二十五条　利用志愿服务记录或者志愿服务记录证明出具进行营利性活动的，民政部门可以给予警告。

第二十六条　慈善组织、基层群众性自治组织、公益活动举办单位、公共服务机构开展公益活动，依法与志愿服务组织合作，由志愿服务组织招募志愿者的，应当由志愿服务组织做好志愿服务记录与证明出具工作；依法自行招募志愿者的，参照本办法关于志愿服务组织的规定做好志愿服务记录与证明出具工作。

在城乡社区、单位内部成立的开展志愿服务活动的团体，应当在对其实施管理的基层群众性自治组织或者单位指导下，记录志愿者的志愿服务信息。

第二十七条　本办法自2021年2月1日起施行。